여덟 단어

인생을 대하는 우리의 자세

여덟 단어

박
웅
현

自尊 THE MOMENT

KOMMUNIKATION VIE

КЛАССИК СУЩНОСТЬ

ANSEHEN BILIK

인티EIN

재출간에 덧붙여

"인생의 여러 변곡점마다 읽고 싶은 책이다."

"흔들릴 때 확신을 찾을 수 있었다."

"둘이 이 책을 읽으며 연애를 시작했다."

"취준생 시절 영혼이 고갈될 때 만난 오아시스였다."

"머리맡에 두고 힘들 때마다 펼쳐본다."

"내 '인생 책'이 되었다."

......

헤아릴 수 없을 만큼 많은 손 편지들이 있었고

만날 때마다 반짝이는 눈빛들이 있었다.

『여덟 단어』는 10년간 차고 넘치는 사랑을 받았다.

놀랄 만한 일이고 벅차게 감사할 일이다.

10년간 많은 것이 변했고 많은 것이 변하지 않았다.

매무새를 살짝 다듬고 새로 손을 내밀어본다.

2023년 여름, 박웅현

저자의 말

인생을 대하는 우리의 자세

박웅현입니다. 2012년 10월부터 두 달여간 20여 명의 이삼십 대들과 함께 만나 젊음에 필요한, 아니 살아가면서 꼭 생각해봐야 하는 여덟 가지 키워드에 관해서 이야기해보았습니다. 그리고 그 만남의 결과물로 또 한 권의 책을 묶어내게 되었습니다.

『책은 도끼다』 출간 이후 주로 인문학에 대한 강의를 많이 해왔는데, 인문학을 이야기하다 보니 책 이야기와 더불어 삶을 대하는 태도, 방향을 말하지 않을 수 없었습니다. 책을 읽는 큰 이유 중 하나가 좀 더 올바른 시각으로 삶을 대하는 데 있기 때문입니다. 그러다 보니 인문학적인 삶의 태도가 무엇인지 구체적으로 이야기할 수 있는 자리가 생겼습니다. 고민이 많았습니다만 제가 딸아이에게 해주었던, 혹은 해주고 싶은 이야기를 들려드리기로 했습니다.

제가 강의에서 이야기했던 여덟 개의 키워드는 '자존, 본질, 고전, 견(見), 현재, 권위, 소통, 인생'입니다. 여덟 개로 쪼개놨지만 모든 단어는 결국 연결되면서 하나의 방향으로 나아갈 겁니다. 귀 기울여 주시되 큰 기대는 하지 마시길 바랍니다. 인생은 몇 번의 강의, 몇 권의 책으로 변하지 않으니까요. 만약 강의 몇 번으로 여러분의 인생을 정리해주겠다는 사람이 있다면 의심해봐야 합니다. 그런 일은 절대 일어나지 않기 때문입니다. 단언컨대 이 여덟 번의 강의도 여러분 인생에 큰 영향을 미치지는 않을 겁니다. 그럼에도 불구하고 제가 이야기를 시작하는 이유는, 살면서 적어도 한 번쯤은 이 여덟 가지 단어에 대해 함께 생각해봤으면 하기 때문입니다.

돈오점수(頓悟漸修). 불교에서 쓰이는 말이지요. 돈오(頓悟), 갑작스럽게 깨닫고 그 깨달은 바를 점수(漸修), 점진적으로 수행해간다는 뜻입니다. 제가 아주 좋아하는 말입니다. 돈오돈수, 점오점수, 점오돈수 여러 가지가 있지만 이 여덟 번의 시간이 여러분에게 돈오점수 할 수 있는 계기가 되었으면 합니다. 소나기가 아니라 가랑비 같은 시간이 되어 천천히 젖어들었으면 좋겠습니다. 단, 제 이야기가 끝나면 받아들일 수 있는 것은 받아들이고 짓밟고 갈 게 있다면 짓밟으면서, 스스로 생각을 정리하고 자기 삶의 가치를 바로 세우기를 바랍니다. 우리 인생은 몇 번의 강의와 몇 권의 책으로 바뀔 만큼 시시하지 않습니다.

  황지우 시인이 "개미 날개만 한 지식으로 화엄 창천을 날아다니는구나"라고 했는데, 딱 저를 두고 하는 말 같습니다. 모쪼록 부족하나마 이 시간이 여러분의 삶에 돈오의 시간이 되었으면 합니다. 저도 그것을 목표로 이야기를 시작하도록 하겠습니다.

                                    2013년 봄, 박웅현

차 례

Contents

재출간에 덧붙여 · 5

저자의 말 | 인생을 대하는 우리의 자세 · 7

1강 — **자존** 自尊 당신 안의 별을 찾아서   13

2강 — **본질** 本質 Everything Changes
                    But Nothing Changes   45

3강 — **고전** 古典 Classic, 그 견고한 영혼의 성(城)   73

4강 — **견**   見   이 단어의 대단함에 관하여   111

5강 — **현재** 現在 개처럼 살자   147

6강 — **권위** 權威 동의 되지 않는 권위에 굴복하지 말고
                    불합리한 권위에 복종하지 말자   173

7강 — **소통** 疏通 마음을 움직이는 말의 힘   197

8강 — **인생** 人生 바람에 실려 가다 닿은 곳에
                    싹 틔우는 민들레 씨앗처럼   237

자존

自尊

당신 안의 별을 찾아서

"팀장님, 아이에게 무엇을 가르쳐야 아이가 행복해질 수 있을까요?"

어느 날 다섯 살 아들을 둔 후배가 술 한잔하는 자리에서 제법 진지한 얼굴로 묻더군요. 갑작스러운 질문에 아무 생각이 나지 않아서 "글쎄"라고 답은 해놓고 술잔을 앞에 두고 고민해봤죠. 어떤 것을 가르쳐야 아이가 행복해질 수 있을까? 행복한 삶을 살기 위해 무엇이 가장 중요할까? 다행히 그 술자리가 끝나기 전에 저 자신도 이해할 만한 답이 떠올랐습니다. 행복한 삶의 기초가 되는 것은 바로 '자존(自尊)'이라는 생각이 들었습니다. 그래서 후배에게 이야기해줬습니다.

"아까 네가 질문한 것 말인데, 딱 하나를 꼽으라면 나는 자존을 선택하겠어. 이 세상에 중요한 가치가 많지만 그중에서도 자존이 제일 기본이라고 생각해. 자신을 존중하는 마음, 이게 있으면 어떤 상황에 부딪쳐도 행복할 수 있지 않을까?"

자존, 스스로 자(自)에 중할 존(尊)이죠. 나를 중히 여기는 것. 자존이 있는 것과 없는 것의 차이는 어마어마합니다. 지금부터 그 차이를 입증해보겠습니다.

찬바람이 불기 시작하면 예전에 살던 집 근처에 있던 황가네 호떡집 사장님이 생각납니다. 이집 호떡이 아주 맛있었는데요, 맛도 맛이지만 사장님의 표정이 언제나 좋았습니다. 자기 일을 정말 좋아서 열심히 한다는 느낌이었어요. "어서 오세요!"라는 이 첫마디부터 활기가 넘쳤죠. 손님이 많든 적든 늘 한결같았고요. 저는 그 얼굴이 좋았습니다. 추운 겨울에 호떡을 구우면서 그런 표정 짓기 쉽지 않을 텐데 그 사장님은 자기 일에 만족하는 게 보였습니다. 나, 지금 나의 위치, 내가 하는 일, 현재에 만족하는 사람들은 표정이 다른데 그분 표정이 딱 그랬죠. 그래서 황가네 호떡집에서 호떡을 살 때마다 이집 사장님은 정말 행복한 사람이라고 생각했습니다.

자존을 이야기하면서 갑자기 웬 호떡집 사장님 이야기냐고요? 그 이유는 자존이 있는 사람은 풀빵을 구워도 행복하고, 자존이 없는 사람은 백억을 벌어도 불행할 수 있다는 이야기를 하고 싶어서입니다. 매우 극단적인 비교이지만 사실입니다. '아모르 파티(Amor Fati)'라는 말이 있습니다. '네 운명을 사랑하라'라는 의미입니다. 자신의 운명을 사랑하는 사람과 사랑하지 않는 사람의 결말은 정반대일 수밖에 없습니다.

메멘토 모리, 아모르 파티

어느 여름에 회사 일로 파리에 갔을 때, 일정을 마치고 잠깐 틈이 생겨 몽파르나스 묘지에 다녀온 적이 있습니다. 모파상, 사르트르, 보들레르 등 많은 유명인이 잠들어 있는 곳입니다. 그중에서 사르트르의 묘를 찾아갔습니다. 보부아르(Simone de Beauvoir)*와 함께 묻혀 있는 사르트르 무덤 앞에서 이곳을 다녀간 전 세계 사람들의 흔적을 발견할 수 있었어요. 지하철 티켓이나 몰래 쓴 편지 같은 것들이었죠. 그곳까지 찾아온 산 자들의 열정이 죽음 앞에 고스란히 놓여 있었습니다.

---

* 프랑스의 여성 문학가이자 사상가, 사회운동가. 사르트르와 연인이자 지적 동반자로 오랜 세월을 함께 보냈다.

삶과 죽음이 공존하고 있는 경이로운 풍경 앞을 서성이다가 저의 책 『책은 도끼다』에 '나의 나이 어린 스승'이라고 언급했던 후배 이원홍에게 사르트르 묘지 사진과 함께 'Memento Mori'라는 메시지를 보냈습니다. '죽음을 기억하라'라는 뜻의 라틴어입니다. 서양의 명화 중에는 그림 속 어딘가에 해골이 그려진 작품이 꽤 많습니다. 삶과 동시에 죽음을 기억하자는 의미입니다. 제 메시지를 받은 저의 나이 어린 스승은 곧바로 'Amor Fati'라고 답장을 보내왔습니다.

메멘토 모리와 아모르 파티. '죽음을 기억하라'와 '운명을 사랑하라' 이 두 문장은 죽음과 삶이라는 상반된 의미의 조합이지만 결국 같은 방향을 바라봅니다. 인간은 반드시 언젠가 죽을 것이니 살아 있는 지금 이 순간을 소중히 하라는 것이고, 지금 네가 처한 너의 운명을 사랑하라는 이야기입니다.

저는 이런 태도가 자존 같습니다. 어떤 위치에 있건, 어떤 운명이건 자기 자신을 존중하는 것. 사실 많은 사람이 자존을 말하지만 진짜 자존을 지키며 사는 사람은 드뭅니다. 도대체 이 자존이라는 마음가짐을 갖기가 왜 이토록 어려울까요?

나의 기준점은 어디에 있는가

　자존감을 가지는 데 가장 방해가 되는 요인은 아마 우리의 교육이 아닐까 싶습니다. 우리나라 교육은 아이들 각자가 가진 것에 기준을 두고 그것을 끄집어내기보다 기준점을 바깥에 찍습니다. 명문 중학교, 특목고, 좋은 대학, 좋은 직장, 엄친아, 엄친딸을 따라가는 게 우리 교육입니다. 다시 말해 판단의 기준점이 '나'가 아니라 엄마 친구의 아들과 딸이란 말입니다. 헤르만 헤세의 『데미안』에는 자신과 남들을 비교해서는 안 된다는 이야기가 있습니다. 박쥐로 태어났다면 박쥐로 살면 되는 일이지 자신을 타조로 만들려고 해서는 안 된다고요. 박웅현의 매력도 박웅현일 때 있는 것이지, 제 어머니 친구분의 아들을 따라 한다고 나오지 않습니다. 그런데 무턱대고 친구의 아들, 딸처럼 되라고 하니 우리 각자 개인의 '아모르 파티'는 어쩌라는 겁니까?

　이렇게 교육받은 우리는 '다름'을 두려워합니다. 기준점이 되는 누군가와 다른 내 모습을 상상하지 못합니다. 다 같이 몰려가는 대열에 합류하지 못하면 불안해합니다. 저마다 생김새도 다르고 삶의 지향점도 다른데 남과 똑같이 살아야 마음이 편해요. 다른 사람은 어떻게 사는지, 나도 저 사람과 발

맞추고 있는지 끊임없이 눈치 보고 뒤돌아봅니다. 말 그대로 '각자'의 인생인데, 뚜벅뚜벅 내 길을 걸어가야 하는데 그게 용납되지 않아요. 그렇게 교육을 받아온 겁니다. 나의 '자존'을 찾기보다 바깥의 '눈치'를 보는 것이 습관이 되어 있지는 않은지 생각해봐야 합니다.

한 재미교포 후배가 처음 한국에 왔을 때의 일입니다. 그 친구에게 고국에 온 감상을 물었더니 "무섭다"라고 하더군요. 사람들이 비슷한 헤어스타일을 하고 비슷한 스타일의 옷을 입고 서로 같은 모습을 하고 있다고요. 여자들 대부분이 그 당시 한창 유행하던 부츠를 신고 있기도 했는데, 그 모습을 보고 있자니 마치 어떤 세트에서 튀어나온 사람들 같아서 겁이 난다는 이야기였습니다. 저도 비슷한 경험이 있었기 때문에 그가 느낀 두려움이 지나치다고 치부할 수 없었습니다.

저는 어느 대기업 주차장에 들어섰다가 순간적으로 공포를 느꼈던 경험이 있습니다. 그 기업은 임원이 50명이 넘었는데 상무급 임원에게는 똑같은 차가 지급됐습니다. 같은 직급인데 누구에게는 A라는 차를 주고 누구에게는 B라는 차를 줄 수가 없는 거죠. 아마 회사 다니시는 분들은 아실 겁니다. 그 날 그 주차장에도 똑같은 검은색 대형 세단 50대가 줄지어 주차되어 있었는데 그 모습을 보니 섬뜩했습니다.

이런 사회에서 자존을 찾을 수 있을까요? 남과 다르면 알 수 없는 불안이 밀려드는 환경에서 자존감을 가지고 살려면 부단히 노력해야 합니다. 자존감이 없으면 서울대를 다녀도, 백억을 벌어도 행복하지만은 않습니다. 중요한 건 얼마나 좋은 학벌을 가지고 있느냐, 얼마나 많은 돈을 버느냐가 아닙니다. 기준점을 바깥에 두고 남을 따라가느냐, 아니면 내 안에 두고 나를 존중하느냐입니다.

저는 1998년에 『나는 뉴욕을 질투한다』라는 책을 썼는데요. 좋은 기회로 2년간 뉴욕에서 공부하고 돌아온 뒤에 쓴 책입니다. 다음은 제가 그 책에 썼던 내용입니다.

「여자는 꼭 여자답게 걸어야 하는가」

만약 오른쪽 왼쪽을 구분하는 기능의 뇌가 따로 있다면, 나는 분명 그 부분을 손상당한 사람이다. 특별히 신경을 쓰지 않는 한 운전하다가 오른쪽으로 가라고 하면 어김없이 왼쪽으로 가고, 왼쪽으로 가라고 하면 어김없이 오른쪽으로 방향을 잡는다. 그래서 집사람은 오른쪽 왼쪽이라는 말 대신에 '밥 먹는 손 쪽' '밥 먹지 않는 손 쪽'이라는 보다 손쉬운 지침을 이용하지만, 그것도 그리 큰 도움이 되지 않는다. 오른쪽 왼쪽뿐만이 아니다. 지하도에 한 번 들어가면 서

너 번을 오르내려야 가고자 하는 출구를 찾을 수 있을 정도로 방향 감각이 무디다.

지도와 주소만 있으면 어디든 찾아갈 수 있을 정도로 길이 잘되어 있다는 미국에서도 나 같은 사람에게 길 찾기란 원천적으로 '미로 찾기 게임'이니 초행길에서는 두세 번 정도 낯선 사람의 신세를 지게 되는 게 당연하다. 한 가지 다행스러운 일은 길을 알려주는 거의 모든 사람이 친절하고 아주 정확하게 방향을 이야기해준다는 점이다. 미국 사람들의 방향 설명은 마치 머릿속에 지도를 넣고 다니는 것처럼 믿기지 않을 정도로 정확하다. 예를 들면, "1.5마일 정도 가다가 두 번째 사거리에서 좌회전하고 세 개의 정지 사인을 지난 다음에 우회전해서 신호등이 있는 사거리에서 다시 좌회전하면 된다"라고 말해줄 정도다. 종로에서 시청이 어디냐고 물어보면 "저어~기"라고 말하면서 손가락으로 방향만 가리키는 우리와는 무척 다른 두뇌 구조를 가지고 있다.

어느 대학 교수는 미국 사람과 한국 사람의 이런 차이를 이질 문화와 동질 문화라는 말로 해석한다. 미국 사람들은 기본적으로 '너와 나는 생각하는 바가 다르다'라는 전제에서 출발하기 때문에 가능한 한 객관적인 정보를 준다. 반면,

우리는 '너와 내가 생각하는 바가 비슷하다'라는 전제에서 출발한다. 내가 "저어~기"라고 이야기하면 듣는 사람도 "음, 저기를 이야기하는구나!"라고 알아들을 것이라는 전제에서 시작한다는 이야기. 인종 전시장이라고 불리는 미국의 환경과 세계에서 흔치 않은 단일 민족 국가라는 한국의 특성을 고려할 때 공감이 가는 설명이다.

이질 문화를 가장 단적으로 느낄 수 있는 것은 역시 거리 풍경이다. 거리에 지나가는 사람들의 피부색이 다르고 입는 옷이 다르고, 하는 말이 다르다. 그것뿐만 아니다. 너와 내가 다른 사회에서는 다른 사람의 시선에 신경을 쓸 일이 별로 없다. 당신이 어떻게 생각하든, 내가 사는 방식은 이런 것이라고 생각하면 그뿐. 그래서 그런지 뉴욕 거리를 걷다 보면 별의별 이상한 사람들을 다 보게 된다. 한겨울에 반팔 셔츠 차림으로 씩씩하게 걸어 다니는 사람, 깨끗한 정장 차림에 롤러스케이트를 타고 찻길을 휘젓고 다니는 사람, 머리 한쪽만 빡빡 깎고 다니는 사람, 헤드폰을 끼고 혼자 중얼거리면서 다니는 사람, 입술에 피어싱을 하고 다니는 사람, 여자처럼 화장하고 다니는 남자, 남자처럼 머리를 깎고 다니는 여자. 우리나라에서라면 당연히 사람들의 시선을 한 번쯤 받을 만한 사람들이 길거리에 가득하다.

(…)

이곳에서 학교를 마치고 한국 기업체에 취직, 서울에서 삼 년 정도 생활해본 한 교포 학생은 나의 이런 경험과 정반대되는 경험을 이야기한다. 우리나라 사람들은 나이와 성별에 따라 제각각 딱 맞는 상자를 만들고 모두 그 상자 속에서 살아가는 것 같다는 이야기.

예를 들자면, 우리나라에는 20대 후반의 여자들이 들어가는 상자가 있다. 그 상자 속 어딘가에는 결혼이라는 단어가 들어가 있을 것이고, 여자다워야 한다는 생각이 들어가 있을 것이다. 우리나라 사람들이 추구하는 50대 남자의 상자 속에는 회사 복도에서 만나는 사람들로부터 인사를 받을 만한 위치에 있어야 하고 주말이면 골프를 치러 나가야 한다는 생각이 들어가 있다. 30대 후반의 남자라면, 회사에서 과장쯤 되어 있어야 하고, 부인과 아이들 한두 명쯤 — 더 완벽하게는 남자아이 하나 여자아이 하나 — 이 있는 집안의 가장이어야 한다. 만약 아이들만 있거나 부인만 있다면 주위 사람들로부터 호기심이나 걱정에 찬 시선을 받게 된다. 모두 일정한 틀을 만들고 그 틀의 형태에 자신을 맞추며 살아가고 있다는 느낌…….

물론 그 틀은 대부분 가장 보편적이고 합당한 기준으로

짜인 틀일 것이고, 그 틀을 통해 각 개인이 행복을 찾을 수 있고 사회가 안정을 찾는다는 사실을 부인할 수 없을 것이다. 하지만 또 한편으로 생각해보면 틀 속에 산다는 것은 틀 밖의 세상을 경험하지 못한다는 말이 아닐까? 그래서 그만큼의 가능성을 빼앗긴다는 말이 아닐까? 사회면 기삿거리가 되지 않고는 20대 나이에 대학교수가 되기도 힘들고, 60대 나이에 대학생이 되기도 힘든 사회에서는 그 사람들이 던져줄 수 있는 새로운 생각들을 영원히 만나지 못하는 것이 아닐까? "여자가 왜 그렇게 드세?"라는 말이 심심찮게 들리는 사회는 그 사회의 인적 자원의 절반이 가질 수 있는 힘을 포기해버리는 것이 아닐까?

가끔은 틀을 벗어난 생각을 해볼 필요가 있을 것 같다. 성공한 사람들은 꼭 승용차 뒷좌석에 앉아야 하는가? 대학생은 꼭 20대여야 하는가? 윗사람은 꼭 권위를 지켜야만 하는가? 여자는 꼭 여자답게 걸어야 하는가?

오래전 쓴 글이다 보니 요즘과는 분위기가 좀 다른가요? "여자가 왜 그렇게 드세?"라는 말을 요즘도 할까요? 그때보다 줄었는지 모르겠지만 완전히 없어졌다고는 말할 수 없을 것 같습니다. 우리는 아직도 각자의 상자 속에서 살고 있습니다. 20대가 살아야 할 상자, 30대가 살아야 할 상자, 40대가 살아야 할 상자. 그 상자의 바깥으로 벗어나면 매년 명절마다 고문을 당하고, 주변 사람들로부터 측은하다는 이야기를 듣고, 실패한 인생이라고 손가락질받죠. 다른 것을 인정하지 않는 현실에서 자존을 싹 틔우기란 여간 어려운 게 아닙니다.

'내 안에 무엇이 있는가'를 보게 하는 교육

예전에 한 신문사 칼럼을 쓰기 위해 세계적인 설치미술가 서도호 씨를 인터뷰한 적이 있습니다. 당시에 여러 가지 문답이 오갔는데, 그중 창의성의 관점에서 한국과 미국의 문화를 비교해보면 어떤지 물었어요. 두 나라 모두에서 교육받았던 그는 이런 이야기를 하더군요.

"리즈디(Rhode Island School of Design)에서의 처음 수업이 '사진1'이었어요. 기초 사진 강의로 첫 수업을 시작할 줄 알았는데 종이와 크레용을 나눠주면서 두 명씩 짝을 지어 뭘 하든 재주껏 커뮤니케이션하라는 거예요. 단, 말을 하면 안 된다는 조건으로요. 제 짝은 화가 나서 종이를 바닥에

놓고 밟는 퍼포먼스를 했고 저는 종이에 구멍을 뚫은 뒤 뒷장에 그림을 그렸습니다. 사진 수업이라고 하기에는 아주 신선하고 충격적이었죠. 나중에 선생님 말씀이 우리는 시각언어로 사람들과 소통하는 사람들이라서 그렇게 했다는 거예요.

그런 수업이 뇌를 말랑말랑하게 마사지해준다고 말하고 싶어요. 한국에서 수업할 때는 조교가 출석 체크를 한 뒤 선생님이 와서 학생들의 그림을 보고 "여기 좀 지워봐, 눌러봐, 살려봐"라고 하면 "네, 선생님" 하면서 하라는 대로 하고 검토를 받는 식이었죠. 결국 창의적인 사람을 만드는 건 교육의 문제라는 생각을 하게 됐습니다."[*]

그는 미국 교육은 '네 안에 있는 것은 무엇인가'를 궁금해한다면 한국 교육은 '네 안에 무엇을 넣어야 할 것인가'를 고민하는 것이 가장 큰 차이라고 했습니다. 즉, 미국에서 받았던 교육의 경험은 바깥에 기준점을 세워놓고 맞추는 것이 아니라 각 개인마다 그 사람 안에 있는 고유한 무엇을 끌어내는

[*] 「'집 속의 집'에 왜 스티브 잡스가 떠오를까」, 경향신문, 2012. 06. 01, 한윤정 기자.

교육이었다고 이야기한 것이죠.

제가 뉴욕에서 공부할 때 느낀 것도 마찬가지였습니다. 교수들은 학생들에게 무언가를 집어넣으려고 하지 않고 학생들이 가진 것을 학생들 스스로 뽑아내도록 애썼습니다. 사회생활을 하던 서른여섯 나이의 아저씨가 책상 앞에 앉아 처음 디자인을 배우는데 주뼛댈 틈도 없이 교수의 칭찬이 쏟아졌습니다. 교수는 저뿐만이 아니라 모든 학생이 해온 과제를 벽에 쭉 붙여놓고 좋은 점을 끊임없이 이야기했어요. 마치 칭찬하지 못해 안달 난 사람으로 보일 정도였죠. 그렇게 칭찬하고 난 뒤에는 학생들이 제출한 작품이 왜 좋았는지 작품에 대해 해석해주고 자세히 설명해줬습니다. 학생이 자기 작품에 대해 부연 설명하면 그 생각을 북돋워 주었고요. 그러니 학생들은 과제를 하면서도 늘 신이 났고, 수업 시간에 서로 앞자리에 앉으려고 할 수밖에요.

그런데 우리 교육은 과연 어떤가요? 내 안에 있는 걸 존중하게 해주는 교육이었을까요? 아뇨, 우리는 늘 우리에게 없는 것에 대해 지적받고 그것을 채워야 한다고 교육받아왔어요. 칭찬은 자존감을 키워주지만 가지지 못한 것에 대한 질타는 눈치를 자라게 합니다. 스스로 기준점을 바깥에 놓고 눈치 보며 바깥을 살피게 해요. 자존은 기준점을 안에 찍고 그것을 향해 나아가는 겁니다.

　광고회사 CD(Creative Director)인 후배가 이직을 위한 면접을 앞두고 찾아온 적이 있습니다. 면접을 보러 가야 하는데 무척 떨린다며 바짝 긴장한 모습이었어요. 저는 마음가짐을 바꿔보라고 조언해줬습니다. "회사가 너를 면접하는 동시에 너 또한 그 회사를 면접해야 해. 회사가 날 위해 뭘 해줄 수 있는지, 너라는 그릇을 수용할 수 있는 회사인지 알아야 하지 않아? 너를 채용하는 건 회사에서 은혜를 베푸는 게 아니지. 회사는 사람이 필요하고 사람도 회사가 필요한 거니까. 물론 수요와 공급의 입장에서 회사가 강자의 위치에 있지만, 그래도 부담을 이겨내기 위해서는 너의 주장을 가지고 가야 해"라고 말입니다.

　또 다른 예를 들어볼게요. 제가 일하고 있는 광고회사 TBWA에는 '주니어보드'라는 프로그램이 있습니다. 광고에 관심 있는 대학생들을 대상으로 한 '예비 광고인 실무 참여 프로그램'입니다. 예전에는 1년에 두 번 진행됐었는데, 요즘은 한 번 기회가 주어집니다. 업계에서 꽤 유명한 프로그램인데, 능력이 좋은 친구들이 많이 지원하기 때문에 들어오기가 무척 어렵습니다. 한번은 제가 어디에선가 강연을 마치고 나오는 길이었는데 젊은 친구가 다가오더니 주니어보드에 지원

했다며 인사하고는 "TBWA에서는 어떤 사람을 원합니까?"라고 물었습니다. 저는 그때 이렇게 대답해주었어요. "TBWA가 어떤 사람을 원하는지 묻지 말고, 학생이 가지고 있는 걸 보여주세요"라고요. 바깥이 아니라 안에 점을 찍으라는 이야기였습니다.

만약 저라면 주니어보드에 들어오기 위해 작년 시험 문제에서 방향을 찾지 않을 거예요. 제가 가진 걸 보여주고 주목받으려고 노력할 거예요. 사회는 점점 이런 방향으로 변하고 있어요. 그래야만 하고요. 그렇게 변하는 데 우리의 한 발 한 발이 이바지할 거라고 믿어요. 그러니 바깥이 아닌 안에 점을 찍고 나의 자존을 먼저 세우세요. 자신 없다는 분도 있을 겁니다. 과연 내가 자존을 이야기하고 내 주장을 펼칠 만큼 대단한 사람인가 불안해지겠죠. 저도 다르지 않습니다. 그러나 우리는 우리가 생각하는 것보다 힘이 세고 단단한 사람들입니다.

내 마음속 점들을 연결하면 별이 된다

정신과 전문의 정혜신 박사는 "모든 사람은 완벽하게 불완전하다"라고 말했습니다. 맞습니다. 완벽한 인간은 없어요.

우리나라 최고 기업의 총수, 최고 대학의 총장, TV에서 보는 유명한 사람들 모두 완벽하지 않습니다. 모두 불완전해요. 단지 그들은 매체를 통해 좋은 면, 흠 없는 부분만 집중적으로 드러나는 반면 대부분의 사람은 불완전한 면이 두드러져 보이기 때문에 차이가 나 보이는 것뿐입니다. 누구나 단점은 많습니다. 저도 그렇고요. 하지만 우리 모두 세상에 태어나 살아남은 유기체인데 어떻게 단점만 있겠습니까? 분명히 장점도 있죠. 그러니 내가 가진 장점을 스스로 보고 인정해줘야 합니다. 제가 좋아하는 부사, '그럼에도 불구하고', 나를 존중해야 하죠. 단점을 인정하되 그것이 나를 지배하지 않게 해야 합니다.

그러니 스스로 못났다고 외로워하지 마세요. 모든 인간은 다 못났고 완벽하게 불완전합니다. 존경하는 선생님, 부모님도 지키지 못하는 약속이 수두룩하고, 결심했다가 깨기를 반복하는 '사람'입니다. 자꾸 실수하고 조금 모자란 것 같아도 본인을 믿으세요. 실수했다고 포기하지 마시고 돈오(頓悟)한 다음 점수(漸修)하면 됩니다. 그러면 인생의 새로운 문이 열리게 되어 있습니다.

이 이야기를 입증해줄 한 사람을 소개할까 합니다. 사학자 강판권 씨가 그 주인공입니다. 그의 이야기는 CBS 정혜윤

PD의 책 『여행, 혹은 여행처럼』을 통해 알게 됐는데요. 오늘 이야기할 '자존'과 꼭 들어맞는 분이라 소개하려고 합니다. 지금부터 잠시 그의 삶을 따라가 보겠습니다

　강판권 씨는 나무를 인문적으로 해석한 『나무열전』이라는 책을 쓴 나무 박사님입니다. 강판권 씨는 초등학교 때 추운 겨울이면 오전에 수업하고 오후에는 학생들이 나무를 해다가 난로를 때면서 학교에 다녀야 했던, 경상도의 어느 깡촌에 살았다고 합니다. 새벽에 지게를 지고 나무를 하러 다녔고, 4km 정도는 걸어 다녔다고 해요. 실업계인 종합고등학교에 진학해 공부하고 졸업한 뒤 계명대학교 사학과에 들어갑니다. 사학과를 선택한 이유는 그쪽에 뜻이 있어서가 아니라 원서를 낼 때 사학과 줄이 제일 짧았기 때문이었대요. 당연히 사학과 공부가 재미있기는 어려웠겠죠.

　대학 시절에 그가 매료됐던 것은 클래식 음악이었다고 합니다. 음악이라면 트로트를 주로 들을 때였는데 (논에서 일할 때 라디오를 틀어놓고 유행가를 들으며 일하고는 했답니다) 어느 날 큰형이 축음기를 사 온 거예요. 그때 축음기와 같이 가지고 온 유행 가수 LP 몇 장 사이에 베토벤의 음반이 한 장 껴 있었던 겁니다. 남진, 태진아만 알던 그가 클래식에 빠지게 된 순간입니다. 그 후에 강판권 씨는 오케스트라 동아리에 들어가 음악

모든 인간은 완전하게 불완전하다.

대학 소강당에서 클래식 음악을 들었다고 해요. 클래식 음악이 그렇게 좋았답니다.

공부보다 음악이 좋았던 그는 기자가 되고 싶었지만 지방대 사학과 출신의 언론고시생은 시험에서 번번이 낙방하고 맙니다. 결국 다른 곳에 취직하기로 마음먹는데 그조차 뜻대로 되지 않았고, 결국 정말 어쩔 수 없이 대학원에 진학하죠. 대학원에 들어갔으니 학위 논문을 써야 하는데 강판권 씨는 이때 논문 주제를 '양무운동 당시 이홍장의 외교 정책'에 대한 것으로 잡습니다. 하지만 외교 정책과 관련된 논문이라 영어, 프랑스어, 러시아어로 쓰인 외교 문서를 읽어야만 했어요. 언어라는 한계에 부딪히죠. 우리가 사는 모습과 다르지 않죠? 결국 강판권 씨는 주제를 바꾸기로 했는데 갑자기 본인이 촌놈이라는 게 생각났다고 합니다. 촌놈이니 농업에 대해서는 잘 쓸 수 있을 거 같아서 논문 주제를 '중국의 농업사'로 바꿉니다. 강판권 씨는 여기에서부터 이전과 다른 인생을 살기 시작합니다. 어떤가요? '촌놈'이라는 것은 자기 안을 들여다봤기 때문에 발견할 수 있는 키워드였어요.

어쨌든 그는 논문의 주제를 바꾸고 난 뒤 공부가 재미있어졌답니다. 그 이후 10년 동안 도시락을 두 개씩 싸 다니면서 공부합니다. 1995년에 주제를 바꾼 논문은 1999년 8월에

완성됐고, 강판권 씨는 박사 학위를 받습니다. 그럼 그 이후 그가 탄탄대로를 걸었을까요? 아뇨, 공부하는 동안 빚은 쌓였고 대학교수 자리를 얻는 것은 요원했죠. 중·고등학교 교사 자리도 쉽게 나지 않았습니다. 결국 박사 학위를 받고도 일을 구하지 못한 그는 1년간 팔공산을 오르며 소설을 쓸까 시를 쓸까, 별별 궁리를 다 했다고 합니다.

그러던 어느 날 서점에서 『신갈나무 투쟁기』라는 책을 발견합니다. 자신의 전공이나 취업과는 무관하게 우연히 펼친 책이었는데 그 책이 재미있었대요. 동시에 '나무라면 나도 좀 아는데?'라는 생각이 들었답니다. 그는 그렇게 다음 날부터 계명대학교 안에 있는 나무부터 공부하기로 마음먹습니다. 나무 도감을 가지고 다니면서 학교 안의 나무 한 그루 한 그루를 비교하고, 조경을 담당하는 행정직원에게 정보를 얻으면서 계명대학교의 나무를 다 기록합니다. 이렇게 나무를 공부한 사학자는 인문적인 나무 이야기 『나무열전』과 『공자가 사랑한 나무 장자가 사랑한 나무』 등을 집필하죠. 강판권 씨는 현재 계명대 사학과 교수로 재직 중입니다.

보세요. 강판권 씨는 자기 안의 점을 무시하지 않았습니다. 밖에 찍어놓았던 기준점을 모두 안으로 돌려 자신이 제일 잘할 수 있는 것을 찾아냈고 점을 새롭게 다시 찍었습니다. 그리고 그 안의 점들을 연결해 하나의 별을 만들어낸 겁니다.

만약 이 사람이 서울에서 태어나 강남 한복판에 있는 고등학교를 나오고 서울대를 졸업한 사람이라면 농촌에 주목할 수 있었을까요? 나무를 잘 알 수 있었을까요? 서울 도심에서 나고 자라고 공부한 사람이 가기에는 힘든 길이죠. 그러나 그 길을 강판권 씨는 가고 있어요. 자기가 가지고 있는 걸 봤기 때문이고 자기 길을 무시하지 않은 겁니다.

자기가 가진 것을 무시하지 않는 것, 이게 바로 인생입니다. 그리고 모든 인생마다 기회는 달라요. 왜냐하면 내가 어디에서 태어날지, 어떤 환경에서 자랄지 선택할 수 없잖아요? 서로 다른 각자의 인생이 있어요. 그러니 만나는 기회도 다르겠죠. 그러니까 아모르 파티, 자기 인생을 사랑해야 하는 겁니다. 인생에 정석과 같은 교과서는 없습니다. 열심히 살다 보면 인생에 어떤 점들이 뿌려질 것이고, 의미 없어 보이던 그 점들이 어느 순간 연결돼서 별이 되는 거예요. 정해진 빛을 따르려고 하지 마세요. 우리에겐 오직 각자의 점과 각자의 별이 있을 뿐입니다.

강판권 씨를 보세요. 자기 자존을 놓지 않고 자신이 가지고 있는 것이 무엇인지를 들여다봤어요. 그걸 놓치지 않고 자신의 별을 만들었죠. 그가 삶에서 피할 수 없는 지난한 싸움에서 이길 수 있었던 힘은 자존이었다고 생각해요. 그러니 자신이 하고 싶은 걸 해야 합니다. 그래야 답이 나옵니다. 나는 관심도 없고 잘하지도 않는데 남들이 다 한다는 이유로 기준점을 그쪽에 찍어놓고 산다면 절대로 답이 나오지 않을 겁니다.

이순신은 물살의 방향을 보고 그것을 이용해 한산대첩에서 승리합니다. 그럼 우리에게도 이순신이 만난 물살이 나타날까요? 인생은 똑같이 반복되지 않습니다. 모든 인생은 전인미답(前人未踏)이에요. 인생에 공짜는 없어요. 하지만 어떤 인생에나 어떤 형태로든 반드시 기회가 찾아옵니다. 그러니 내가 가진 것을 들여다보고 잡아야 합니다. 그리고 준비해야 하죠. 내가 무엇을 주목해야 하는지, 다른 사람과 어떻게 다른지, 과연 강판권의 농업과 나무가 나에게는 무엇인지 찾아야 합니다. 나만 가질 수 있는 무기 하나쯤 마련해놓는 것, 거기에서 인생의 승부가 갈리는 겁니다.

Be Yourself

Be Yourself, 너 자신이 되어라. 제가 딸에게 자주 하던 말입니다. 딸아이는 어렸을 때 숫기가 너무 없어서 다른 사람과 말도 잘 못했어요. 저는 그 시절에 딸아이에게 매일 이야기해 줬습니다. "Be Yourself, 너는 너다." 다른 사람이 되려고 하지 말고 너 자신이 되어야 한다고 말이죠. 여러분은 모두 폭탄입니다. 아직 뇌관이 발견되지 않는 폭탄이에요. 뇌관이 발견되는 순간, 어마어마한 폭발력을 가질 거라고 믿습니다. 그러니까 자존을 찾고 자신만의 뇌관을 찾으세요.

소풍 가면 다른 사람이 앉은 자리의 잔디는 언제나 푸르러 보입니다. 언제나 내 앞의 잔디는 듬성듬성한 것 같고요. 그러나 저편 잔디에 선 사람도 같은 생각을 하고 있을 겁니다. 저쪽에서는 이쪽 잔디가 빽빽하고 푹신해 보일 거예요. 엄친아라고 고민이 없을까요? 엄친딸이라고 완벽할까요? 내가 선 곳의 잔디가 듬성듬성할지언정 이 자리에서 답을 찾아야 합니다. 남의 답이 아니라 나의 답을 찾는 사람이 되어야 해요.

다른 것이 틀린 게 아닙니다. 다른 건 다른 거고 틀린 건 틀린 거예요. 너와 내가 생각이 다른 것이지 너와 내 생각이 틀린 것은 아닙니다. 언어부터 바로 써야 해요. 말이 사고를 지배해서 어느 틈에 나와 다른 건 틀리다고 생각하기 쉽습니다. 오래전 광고입니다만 〈SK텔레콤 – 생각대로 T〉 광고에 이런 카피를 쓴 적이 있습니다.

1살, 걸음마가 늦으면 지는 걸까?

4살, 영어 유치원 못 가면 지는 걸까?

8살, 반장이 못 되면 지는 걸까?

18살, 영어 발음이 된장이면 지는 걸까?

26살, 대기업 못 가면 지는 걸까?

36살, 외제차를 못 타면 지는 걸까?

왜, 남의 생각, 남의 기준으로 살까?

생각대로 해. 그게 답이야.

그 당시 크게 성공한 광고는 아니었지만 이 시간에 제가 하고 싶은 말이 이 캠페인 안에 모두 담겨 있습니다. 자기 기준점을 잡고 살자는 이야기가 고스란히 들어가 있죠.

땅끝마을 해남에는 신라 시대에 세워진 대흥사라는 절이 있습니다. 그 절의 북원 출입문으로 대웅전 맞은편에 자리한 침계루(枕溪樓)의 기둥들은 기둥뿌리의 지름을 기둥머리의 지름보다 크게 만드는 민흘림 기법을 쓰지 않고 휘면 흰 대로 각각의 모습을 살려서 지었습니다. 나무가 자란 그대로의 모습으로 1500년의 세월을 지낸 기둥을 보고 있자면 여러 생각이 겹칩니다. 저는 우리 사회가 이 나무 기둥과 같은 모습이었으면 좋겠습니다. 깎고 다듬어져 전부 똑같은 모습으로 사는 세상이 아니라 저마다 생긴 모습 그대로 각자의 삶을 사는 세상이 되었으면 합니다.

시공을 넘어 대흥사와 똑같은 메시지를 던지는 또 다른 예가 여럿 있습니다. 90년대 팝스타 브리트니 스피어스는 〈What You See〉라는 곡에서 "네가 보고 있는 것이 네가 얻게 될 것이야. 이게 나야. … 있는 그대로의 나를 받아들여야 해 (What you see is what you get. This is me … You should take me as I am)."라고 노래했어요. 뮤지컬 영화 〈위대한 쇼맨〉에는 〈This is me〉라는 넘버가 나오는데요. 보통 사람들과 다른 생김새로 별종 취급을 받는 캐릭터들이 이렇게 노래하죠. "그들은 누구도 있는 그대로의 너를 사랑하지 않을 거라고 말하지만 난 그들이 날 무너지게 하지 않을 거야. … 우린 아름답고 용감해 … 이게 운명이야, 이게 나야(They say no one will love you as you are but I won't let them break me down to dust. … We are glorious, I am brave … I am who I'm meant to be, this is me)!" 누가 뭐라고 해도 나는 나를 무시하지 않겠다는, 나를 사랑하고 말겠다는 말입니다. 여러분도 이렇게 말할 수 있기를 바랍니다. Be Yourself! 다른 누군가가 될 필요 없습니다. 여러분 자신이면 충분합니다.

Be Yourself
나답게
남의답이아니라
나의답을찾아서

Be Yourself, 나답게,
남의 답이 아니라 나의 답을 찾아서.

오늘 제가 드릴 말씀은 여기까지입니다. 혹시 그사이 시간이 된다면 가까운 공원에 한 번 나가보시길 권합니다. 가서 어느 곳의 잔디가 푸르른지 한번 보세요. 자리를 깔고 앉으면 이상하게 다른 쪽의 잔디가 더 푸르러 보일 겁니다. 그럼 다시 자리를 옮긴 다음 원래 앉았던 쪽을 바라보세요. 어떨까요? 이번엔 그 자리가 더 푸르러 보일지도 몰라요. 잔디는 늘 우리가 앉지 못한 곳이 더 푸르러 보입니다. 하지만 결국은 똑같이 푸르릅니다.

여러분, 답은 저쪽에 있지 않습니다. 답은 바로 지금, 여기 내 인생에 있습니다. 그러니 그 인생을 살아가고 있는 자신을 스스로 존중하는 여러분이 되었으면 좋겠습니다.

본질

本質

Everything Changes

But Nothing Changes

두 번째 시간입니다. 오늘은 '본질(本質)'에 관한 이야기를 나눌 텐데요. 제가 만든 광고에 썼던 그림을 잠시 보여드리겠습니다. 뒤에 실린 피카소의 〈The Bull〉이라는 시리즈 작품입니다. 광고주에게 팔릴 가능성이 희박하다는 걸 알면서도 만든 광고였고, 실제로 방송되지 못했습니다. 이 그림을 썼던 이유는 혁신적인 회사는 모두 원칙을 가지고 있다는 사실에 주목했기 때문입니다. 그 당시 모든 회사가 구글을 지향하면서도 중요한 걸 놓치고 있다고 봤거든요. 『생각의 탄생』에 소개된 리처드 파인만은 현상은 복잡하지만 법칙은 단순하다고 했습니다. '버릴 것'이 무엇인지 알아내라고 했죠. 이 말처럼 혁신을 하려면 우선 본질을 알아야 한다고 이야기하고 싶은데, 피카소의 이 시리즈가 여기에 딱 들어맞았던 겁니다. 오늘 이야기하려는 주제에 대한 힌트가 여기에 있습니다.

또 다른 예로 한 패션 브랜드의 지면 광고를 말씀드려볼
게요. 사진 속에 한 매혹적인 여인이 이 브랜드의 가방을 들고
있는데, 처음 이 사진을 보면 여인과 가방에 제일 먼저 눈길이
갑니다. 그런데 시선을 조금만 옮기면 여백에 쓰여 있는 짧은
카피가 눈에 들어옵니다.

Everything Changes But Nothing Changes.
모든 것은 변하지만 아무것도 변하지 않는다.

에르메스(HERMES)라는 명품 브랜드의 지면 광고입니
다. 예쁜데 가격은 상상 이상으로 비싼 브랜드 중 하나죠. 눈
여겨보지 않는 게 나을지도 모르지만 'Everything Changes
But Nothing Changes'라는 카피는 주목할 만합니다. 매
우 철학적인 카피입니다. Everything Changes But Nothing
Changes. 그렇습니다. 모든 것은 변합니다. 그런데 아무것도
변하지 않아요. 사람도 마찬가지입니다.

전 세계에 70억 넘는, 완전히 다른 사람들이 살고 있어요.
완전히 달라요. 쌍둥이조차도 다릅니다. 그런데 본질적으로
'사람'은 다 똑같습니다. 본질적으로 같은 부분이 분명히 있

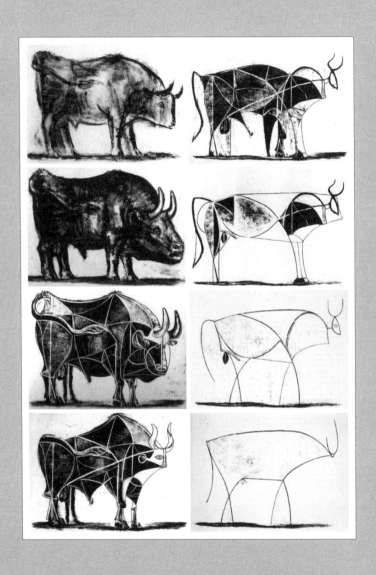

파블로 피카소, 〈The Bull〉 시리즈 중에서, 1945.

습니다. 한번 살펴볼까요? 예외는 있지만 대부분 여자는 사랑하면 낭만을 생각하고 남자는 섹스를 생각하죠. 어느 나라에서든 모든 아이는 차를 타고 두 시간만 지나면 "아빠, 다 왔어?"라고 묻습니다. 사람에게는 변하지 않는 그 무엇이 있어요. 저는 그것이 본질이 아닐까 생각합니다.

그런데 요즘은 그야말로 Everything Changes, 다 변하는 세상입니다. 그래서 변하지 않는 진짜 본질을 잡아내기가 힘들어요. 돌아보면 인류는 이토록 급변하는 시대를 경험한 적이 없습니다. 예를 들어 한반도의 1350년대에 살던 사람이 그때의 기억을 그대로 가지고 1850년에 환생했다면 사는 게 많이 힘들까요? 1350년대나 1850년이나 한 인간이 태어나서 물리적으로 움직일 수 있는 거리나 조건은 비슷했을 거예요. 신분이 낮으면 걸어 다녔을 것이고 높으면 말을 탔겠죠. 한 사람이 이동하는 거리가 이 5백 년 사이에 얼마나 변했겠어요. 사람들 대부분은 자기가 태어난 곳에서 1백 리 이내에서 살다 죽었을 거예요. 이것이 그 시대죠. 5백 년이 흐르면서 왕조는 바뀌었지만 사회를 지배하는 도덕적 규범이나 과학의 발전 속도는 그렇게 크게 변하지 않았으니까요.

이번에는 1850년에 살던 사람이 1950년에 환생했다고 생각해봅시다. 이 사람이 잘살 수 있을까요? 저라면 죽음과 같은 공포를 느낄 것 같습니다. 바퀴를 달고 엄청난 속도로 굴러다니는 쇳덩이, 물에 젖지 않는 고무신이라니요. 아마 기절할지도 모릅니다. 시대 고증이 훌륭했던 故 박경리의 『토지』를 읽었을 때 이런 생각을 했어요. 실제로 고무신이 처음 나왔을 때 조선 사람들이 받은 충격은 대단했을 것 같다고요. 물에 젖는 짚신만 신던 사람들에게 고무신은 권력이 될 수 있었을 거예요. 이게 1800년대 후반인데, 불과 1백 년 사이에 세상이 너무 변해서 그 중간을 건너뛴 사람이 새로운 시대에서 산다면 사는 게 몹시 어렵거나 불가능한 일이 되겠죠.

그렇다면 이제 21세기로 들어와 봅니다. 1950년에 살던 사람이 2020년에 왔어요. 어떨까요? 인터넷? 온라인쇼핑? 스마트폰? 키오스크? 얼마나 복잡하고 어지러울까요? 심지어 2000년에 살던 사람이 2023년에 적응하는 것도 아주 힘들 겁니다. 시대가 정말 급변하고 있으니까요. Wi-Fi라는 말을 언제부터 듣기 시작했나요? 4G? 5G? LTE? AI? ChatGPT? 너무 많은 게 빠르게 변화하고 있어요. 저도 이 변화의 속도를 따라가기가 굉장히 힘듭니다.

저희 집에 전화기가 처음 놓인 것이 제가 중학교에 다닐 때였어요. 70년대였죠. 그때 시골에서 고모부가 오셨는데 방에 계시던 분이 전화벨 소리에 놀라 도망가셨어요. 만약 지금이라면 더 놀라셨을 겁니다. 매일이 놀랄 일이죠. 이런 급변의 시대에 힘든 사람 중 하나가 저처럼 광고하는 사람들입니다.

　오래전에 제가 "잘 자, 내 꿈 꿔"라는 카피의 광고를 만든 적이 있는데, 그 당시 패러디만 몇백 개 가까이 나왔습니다. "잘 자, 개꿈 꿔" "내 꿈은 내가 꾼다" 정치인들의 "큰 꿈 꿔" 까지, 전 국민이 다 한 번씩 하는 말이 됐어요. 그런데 "잘 자, 내 꿈 꿔"라는 말이 대단히 이상적이고 매력적인 말은 아니 잖아요? 그 당시의 인기는 반복 노출의 영향 덕분이었습니다. 당대 스타들을 내세운 광고였고 큰 비용을 들여 공중파 3사를 통해 두 달 동안 지속해서 노출했어요. 그러니 어떤 사람이 그 카피를 기억하지 못하겠습니까? 언젠가 강의하면서 이 광고 이미지 바로 다음에 보여준 이미지가 "꿈 깨"였습니다. 왜냐하면 이제는 불가능한 이야기이기 때문입니다. 그때는 많은 돈을 쓰고 공중파 3사가 움직여서 가능했던 일이지만 지금이라면 정말 "꿈 깨!"라고 할 만한 일이죠.

　이런 변화는 기술 발달에 따른 것이겠지만 '미디어의 변화'야말로 가장 큰 이유라고 생각합니다. 우리가 쓰는 미디어가 너무 급변하고 있어요. 인류사 이래 몇천 년 가까이 종이 매체에 머물러 있었는데 19세기 후반 '영화(영상)'라는 게 생겼고, 그 이후 컴퓨터가 세상에 나오고 인터넷이라는 게 탄생

한 뒤에 엄청난 속도로 바뀌었죠. 생각해보면 한때 모두 싸이월드에 열광하다가 페이스북으로 넘어갔고, 지금은 인스타그램, 틱톡을 쓰잖아요. 인터넷 검색이라는 말이 세상에 등장한 것은 제가 성인이 된 이후였는데, 이제는 필요한 정보를 네이버, 구글 같은 포털을 넘어서 유튜브에서 찾죠. 정보 검색에 있어서도 예전에는 글이 중심이었지만 시간이 지나면서 사진 정보가 중요해졌고 이제는 영상 정보가 중심이 됐습니다. 앞으로는 메타버스, 아바타, VR, AI…… 이런 방향으로 흘러가겠죠?

저희 업계에서는 '미디어 컨섬션(Media Consumption)'이라는 말을 씁니다. 이게 놀라운 단어의 조합입니다. 시대가 급변하고 사용되는 미디어도 급변하고 있는 지금 같은 때는 어떤 미디어를 소비하고 있느냐가 그 사람을 말해줍니다. 그 사람의 사는 방식을 보여주죠. 그런데 사람들이 쓰는 미디어가 엄청 다양하고 빠르게 변화하고 있는 만큼, 틱톡을 주로 사용하는 사람에게 통하는 아이디어 방식과 페이스북을 주로 사용하는 사람에게 통하는 방식이 같을 수 없어요. 그러니 콘텐츠를 만들고 아이디어를 내는 사람들은 너무 힘들어진 겁니다.

TBWA 월드와이드에서는 오래전부터 'Idea First, Media Follow', 이 얘기를 계속해왔습니다. '미디어 중심으로 생각하기 시작하면 우리는 미로 속에서 헤맬 수밖에 없으니, 미디어가 아니라 아이디어 중심으로 생각해야 한다'라는 이야기입니다. 다시 말해서 지금 이 아이디어가 파급력이 있는가? 그 아이디어의 특징은 무엇인가? 좋은 뜻이 있는가? 이것을 먼저 생각하고 그 후에 어떤 미디어를 통해 이 아이디어를 내보내야 그 효력이 더 크게 발휘될 수 있을 것인가를 고민해야 한다는 말입니다. 사실 새로운 이야기가 아니죠. 이미 오래전부터 이야기되던 것입니다.

요즘 같은 시대에 '본질'을 추구하는 게 고루한 일이 아닙니다. 이토록 빠른 급류 속에서 그 물살을 따라가려고만 하면 아무것도 할 수 없습니다. 오히려 이런 때에 더 중요한 것은 '내가 가지고 있는 아이디어가 무엇인가'입니다. 본질, 진정성이 어느 때보다 중요한 시대가 됐다는 겁니다.

잠시 제 이야기를 해보자면, 저는 신문사에 들어가고 싶었고 방송국 기자 혹은 피디가 되고 싶었습니다. 대중에게 메시지를 던질 수 있는 미디어에 접근하고 싶었기 때문입니다. 내 생각을 글로, 영상으로 사람들에게 전하고 싶었던 거예요. 이를테면 대중에게 '접속(access)'할 수 있는 공식적인 권한을 가지고 싶었어요. 그런데 이제는 그런 게 필요 없는 시대가 됐습니다. 누구든 SNS로, 유튜브로 정보를 실어 날라요. 좋은 이야기는 매체와 상관없이 사방에 퍼져나가죠. 신문이나 방송보다 훨씬 파급력이 세요. 우리가 들고 있는 이 스마트폰이 바로 일종의 기자증과 같은 역할을 하는 셈이에요.

어느 무인 점포에 5천 원짜리 강아지 간식이 5백 원으로 잘못 등록되어 있었는데, 한 대학생이 상품 가격이 이상하다고 생각하고는 수량을 10개로 바꿔 입력한 다음, 제값을 주고 사 간 일이 이슈가 된 적이 있어요. 그 무인 점포 주인이 온라인 커뮤니티에 이 사연을 올렸고 이 일이 SNS를 타고 이곳저곳에 퍼지게 됐죠. 그 다음에야 방송사에서 이 소식을 기사로 전하기도 했고요. 예전 같으면 가능한 일이 아닙니다. 방송사나 신문사에서 주목하지 않으면 그런 아름다운 일이 있었는지 몰랐을 거예요.

기업이 훌륭한 브랜드 이미지를 가지고 싶다면 이제는 말 그대로 정말 훌륭해야 합니다. 예전에는 기자들을 불러 잘 대접하고 보도자료를 전달하면 되는 시대였어요. 하지만 지금은 어디 그런가요? 누가 어디에서 갑질을 하는데 알고 보니 어느 기업 임원이더라, 이런 영상이나 말이 SNS를 통해 퍼지면 그 기업 이미지는 곤두박질치죠. 반대로 어떤 기업이 소비자가 문제 제기한 상품에 대해서 빠르게 조치하고 대안을 잘 마련해주면 해당 소비자가 그 일을 SNS에 올려요. 그 사연이

퍼지면 그 기업 이미지가 좋아지는 거예요. 게다가 누리꾼이 검증까지 해봤는데 그 기업은 법도 잘 지키고 직원에 대한 처우도 좋아요. 어떻겠어요? 조지 오웰의 소설 『1984』에 언급되는 빅 브라더라는 게 과연 어떻게 존재할까 싶었는데 이제 알겠어요. 빅 브라더는 네트워크로 연결된 작은 형제자매들과 같은 거예요. 모두가 기자의 역할을 한다고 봐야 해요.

예전은 상징성의 시대였어요. 예를 들어 누군가가 사회운동을 하다가 감옥에 다녀왔다고 하면 그 사람은 독재정권과 맞붙어 싸우는 투사의 상징이 됐어요. 그 사람이 '깃발'이 되고 그 아래로 사람이 모이죠. 이 사람에 대한 검증은 없어요. 할 수도 없고요. 생각해보면 운동하다가 감옥에 다녀왔다는 그 사실 하나가 그 사람의 마음가짐, 인간과 세상을 보는 가치, 모든 걸 대변하진 않잖아요? 간혹 70, 80년대에 민주화 투쟁을 했던 정치인이 지금 어떻게 저토록 보수적일 수 있는지 배신감을 느낀다고 하는 경우가 꽤 있는데요. 사실 변한 게 아니에요. 그 사람에게는 예전에도 그런 모습이 있었던 것인데 그 부분을 보지 않았던 거예요. 볼 수도 없었고요. 그러나 이제는 시대가 바뀌었어요. 상징성의 시대는 끝났죠. 이미 2000년대 초반에 사회학자 김홍중 씨가 자신이 쓴 『마음의 사회학』에서 이야기했지만 이제는 진정성의 시대예요. 상징만으로 본질이 감춰지지 않아요. 사람들이 다양한 미디어를 사용하고 있지만 어떤 미디어 소비자이든 간에 결국 사람을 움직인다는 것은 마음을 움직이는 거예요. 진정성, 본질입니다.

박웅현의 본질 찾기

: 수영을 배우는 목적은 땀을 흘리는 것

본질을 무엇으로 보느냐에 따라 생각과 행동은 달라집니다. 그 예를 몇 가지 말씀드려볼까요? 저는 24년 넘게 수영을 하고 있습니다. 허리를 다치기 전까지는 접영도 했었고요. 그런데 제가 이 정도 수영을 하기까지 얼마나 많은 우여곡절을 겪었는지 모르실 겁니다. 저는 운동신경이 좋은 사람이 아닙니다. 기계, 숫자와 함께 저를 평생 괴롭힐 또 한 가지가 아마 부족한 운동신경일 겁니다. 그런데 어느 날 아내가 본인이 해보니 좋더라며 수영을 권했습니다. 집에서 아내의 말은 힘이 센 만큼 아내가 권한 대로 수영을 시작했습니다.

시작은 했지만 제가 얼마 하지도 않고 그만둘까 봐 집사람이 매일 걱정했어요. 다른 사람들은 한 달 강습을 받고 나면

Everything Changes
But Nothing Changes.

25m 정도는 거뜬히 가는데 저는 그 거리를 가기까지 석 달이 걸렸거든요. 50m를 헤엄쳐 가기까지는 6개월이 걸렸고요. 저와 같은 반에서 시작한 사람들이 중·상급 반으로 올라갔을 때 저만 여전히 초급반에 남아 있었으니 집사람이 걱정하는 건 당연했습니다. 하지만 저는 그만두지 않았어요. 그냥 제 몫을 꾸준히 했습니다. 언젠가 아내가 저에게 묻더라고요. 당신 혹시 창피하지 않냐고, 어떻게 견디느냐고요. 그때 제가 대답했습니다. "창피하지 않아. 나는 수영을 잘하려고 하는 게 아니라 땀을 흘리려고 하는 거니까."

그렇습니다. 수영을 배우는 목적이 '수영을 잘하는 것'이었다면 저는 일찌감치 나가떨어졌을 겁니다. 하지만 수영을 배우는 본질을 저는 '땀 흘리는 것'으로 정했습니다. 수영 선수가 될 것도 아니고 빨리 상급반으로 올라가고 싶은 생각도 없었습니다. 강사에게 잘 보일 이유도 없었고요. 그러니 실력이 빨리 늘지 않는 것은 크게 문제 되지 않았죠. 중급반에서든 초급반에서든, 멋있게든 어색하게든, 땀을 흘리는 것, 이것이 수영의 목적이었으니까요. 이렇듯 본질이 무엇인가에 따라 제 안의 흔들림이 달라집니다.

: 말하기의 본질은 메시지를 잘 전달하는 것

지금은 사람들 앞에서 이야기를 잘하는 편이지만 사실 저는 심각할 정도의 무대 공포증이 있었습니다. 초등학교 때는 늘 고개를 숙이고 있어서 담임선생님이 무슨 불만이 있느냐고 묻기도 했죠. 한번은 1등부터 성적순으로 앉고 싶은 자리를 찾아 앉게 됐는데 저는 성적이 좋은 편이어서 선택의 여지가 많았음에도 맨 뒤의 구석 자리를 택했습니다. 앞에 나서는 것, 주목받는 것이 싫으니 가장 싫어했던 과목은 음악이었고 소풍처럼 장기자랑을 해야 하는 행사는 늘 두려움의 대상이었습니다.

이 공포는 대학교 때까지 이어졌습니다. 대학 시절에 큰 상을 받은 일이 있는데 그때 수상식장이 큰 호텔의 그랜드볼룸이었어요. 그런데 단상까지 이어지는, 호텔 볼룸 특유의 긴 길이 두려워서 수상식 날 오후 4시부터 술을 먹고, 저녁 7시에 예정되어 있던 수상식에 결국 참석하지 않았죠. 회사에 입사해서도 마찬가지였습니다. 광고회사였으니 프레젠테이션을 해야만 했습니다. 저는 어떻게든 이걸 피하고 싶어서 뭐든 다 할 테니 남들 앞에서 이야기하는 것만 시키지 말아 달라고 부탁했습니다. 상상이 가십니까?

하지만 사회생활이 학창 시절과 같을 수는 없습니다. 지금도 또렷이 기억합니다. 동숭동에 있는 학습지 회사였고, 낙엽이 지는 가을날이었고, 시간은 20분 정도 걸렸고, 선선한 날씨였는데도 셔츠가 흠뻑 젖었습니다. 그것이 제 생애 첫 번째 프레젠테이션이었습니다. 그 뒤로 무수히 많은 프레젠테이션을 해왔어요. 그리고 이제 강의와 프레젠테이션, 이 두 가지는 크게 무섭지 않습니다. 하지만 노래를 하라고 하면 아마 또 도망갈 거예요. 그렇다면 강의와 프레젠테이션에 대한 두려움과 공포심은 어떻게 극복했을까요?

광고계에서 먹고사는 이상 프레젠테이션은 피할 수 없는 일이니 어떻게 해야 할까 고민해봤습니다. 나는 왜 이렇게 떨리는 걸까, 저 자신을 돌아봤더니 너무 잘하려고 한 것이 문제였습니다. 남들에게 멋지게 보이고 싶은 마음이 컸던 거죠. 하지만 정말 중요한 것은 '해야 할 말을 하는 것'이었어요. 10여 명의 스태프가 오랜 시간 노력을 쏟아 생각해낸 아이디어를 잘 정리해서 정확하게 전달하는 것이 제 역할이었습니다. 프레젠테이션의 본질은 내가 멋있어 보이는 게 아니라 준비한 메시지를 잘 전달하는 데 있다는 것이었죠.

공부의 본질은 뭘까요? 서울대학교에 가는 걸까요? 남들에게 인정받는 직업을 얻는 걸까요? 아뇨, 자기 자신을 풍요롭게 만들고, 사회에 나가서 경쟁력이 될 실력을 쌓는 것이 공부의 본질일 겁니다. 그럼 스펙은 뭘까요? 그것은 그야말로 포장입니다. 자기 자신을 스펙만으로 정의하는 사람은 덩치만 큰 빈 수레와 같습니다. 물론 지금도 스펙을 보는 기업이 많으니 무시할 수는 없습니다. 하지만 아무리 좋은 스펙이라고 해도 그것이 본질이 될 수는 없습니다.

스펙만 잘 관리해서 사회생활을 시작한다고 조직에서 훌륭하게 일하고 인정받을 거라는 보장이 없습니다. 사회는 그렇게 나긋나긋하지 않습니다. 예를 들어 어떤 사원이 토플 만점에 하버드 대학을 졸업했다는데 함께 회의해보니 인상적이지 않습니다. 아이디어도 새롭지 않고요. 그러면 '스펙은 좋은데 그냥 그렇네?' 하게 됩니다. 하지만 지방 대학을 나온 인턴 사원인데 막상 이야기해보니 발상이 신선하고 생각의 깊이가 있어요. 그럼 '어라?' 하고 눈여겨보게 되고 이것저것 시켜보게 되죠. 학벌은 사회생활 2, 3년이면 다 세탁됩니다. 스펙이란 건 회사에 들어갈 때는 명함이 되지만 입사 2, 3년 후에는 중요하지 않다는 말입니다. 스펙보다 그 사람이 가지고 있는 진짜가 무엇인지가 정말 중요합니다.

저는 딸이 학생이었을 때도 인생을 제대로 살고 싶으면 스펙 관리하지 말라고 이야기했었습니다. 그 시간에 네 본질을 쌓아놓으라고 이야기했었죠. "기준점을 밖에 찍지 말고 안에 찍어. 실력이 있으면 얼마든지 별을 만들어낼 수 있어. 강판권을 봐. 언젠가 기회가 온다니까? 그러니 본질적인 것을 열심히 쌓아둬." 이런 이야기를 하곤 했었어요.

물론 본질은 사람에 따라 달라질 겁니다. 사람 대부분에게 킬링타임일 컴퓨터 게임이 프로게이머에게는 본질일 수 있으니까요. 저는 지금 내가 하는 행동이 5년 후의 나에게 긍정적인 체력이 될 것이냐 아니냐가 본질을 판가름하는 기준이 될 수 있다고 봅니다. 프로게이머가 아닌 나에게 휴대폰 게임이 내 스트레스는 풀어주겠지만 5년 후 나에게 어떤 영향을 줄까요? 본질은 결국 자기 판단입니다. 나에게 무엇이 진짜 도움이 될 것인가를 중심에 놓고 봐야 합니다.

: 나의 체력을 기르는 본질

저는 대학 때 그냥 놀고 싶었습니다. 군 생활도 카투사에서 했는데 시간도 많았고 편한 편이었죠. 카투사는 외출할 수 있었기 때문에 일과가 끝나면 밖에 나와 술을 마셨어요. 그런데 어느 날 저와 같은 학교, 같은 학번으로 공무원 시험을 준비하던 한 선임이 저를 부르더니, 싹수가 있는 놈 같은데 왜 소중한 시간을 낭비하느냐고 하더군요. 틀린 말은 아니니 가만히 듣고 있었지만 못된 성격에 참지 못하고 "상병님은 공무원 시험 교재를 보는 게 공부겠지만 제 공부는 저 길거리에 있습니다!" 하고 나와버렸습니다.

떵떵 큰소리는 쳤는데 사실 속은 떨리고 불안했어요. 정말 시간을 낭비하는 건 아닌지 걱정되기도 했습니다. 그래서 한 달에 한 번, 청계천에 있던 헌책방에 다녀온다는 원칙을 세웠습니다. 그 당시에는 헌책방이 청계천을 따라 쭉 늘어서 있었어요. 매달 한 번씩 그 헌책방 거리를 돌며 문학사상, 세계문학, 실천문학 등 한 권에 2백 원 하는 헌책을 스무 권씩 사다 읽었습니다. 꼼꼼하게 읽지는 않았지만 재미있는 단편소설, 시 등을 빼놓지 않으려고 했어요. 소설가나 시인들을 그 시절에 많이 알게 됐습니다. 그때 그 헌책들을 읽으면서 어렴풋하게 그것이 본질적이라는 생각을 했던 것 같습니다. 이것이 언젠가 훗날 나의 체력이 되어 돌아올 거라고 짐작했어요.

군에서 제대한 뒤 취업을 준비할 때 많은 학교 친구들이 '박웅현은 당연히 신문사에 들어가겠지' 생각했습니다. 대학교 신문사 편집장을 했기 때문이었죠. 그런데 정작 신문, 방송 쪽 주류 언론사 시험은 다 떨어졌어요. 사실 떨어질 만했어요. 시험 준비를 전혀 안 했으니까요. 그때는 언론사 시험을 보려면 그 당시 두산동아에서 펴낸 『세계 상식 백과』의 내용을 다 외워야 했습니다. 언론사 시험뿐만 아니라 일반 기업 취업을 준비하려고 해도 상식 공부는 필수였기 때문에 도서관에 가면 그 책을 펼쳐놓고 공부하는 학생들이 정말 많았어요. 그런데 저는 그까짓 거 안 외운다고 팽개쳤죠. 그러고는 도서관에 가서 『안나 카레니나』를 읽었습니다. 솔직히 말하면 읽었다기보다 글씨를 보면서 책장을 넘겼다고 해야겠죠. 아무리 생각해봐도 『세계 상식 백과』를 달달 외우는 것은 본질과는 거리가 멀어 보이니 하고 싶지 않았고, 아무것도 하지 않는 것은 불안하니 『안나 카레니나』를 펼친 거예요. 단순히 불안을 잠재우려고 했던 행위였어요. 친구들이 왜 상식 공부를 하지 않느냐고 물으면 『안나 카레니나』가 상식이라고 우겼고요. 그래 놓고 시험 결과는 보기 좋게 불합격이었지만 지금 돌아보면 그때 찾고자 했던 것이 본질적인 게 아니었나 싶습니다.

'본질'이라는 말은 지난 시간 강의했던 자존, 그리고 다음에 이야기할 고전과 매우 잘 어울리는 단어입니다. 시간의 세월을 잘 견뎌낸 것이야말로 본질적이에요. 니코스 카잔차키스의 『영국 기행』에 이런 구절이 있습니다.

> 옥스퍼드와 케임브리지 소속 칼리지들의 주요 목표는 학식이나 지식을 두뇌에 채워 넣는 것만이 아니다. 이곳 졸업생은 의사나 변호사, 신학자, 물리학자, 운동선수 같은 전문

가가 되어 나가지 않는다. 여기에서는 신체적으로든 정신적으로든 어느 한 방면의 전문성을 지나치게 강조하지 않는다. 그레이트브리튼 최고의 젊은이들이 고등학교를 마치고 와서 2, 3년 머무르며 〈조화〉를 배운다. 육체, 정신, 심리가 고루 단련된 완벽한 인간이 유일한 목표이다. 이 기간이 지난 후에는 본인의 희망에 따라 종합 대학이나 법학 대학원, 종합 기술 전문대학, 병원 등 어디서나 전문적인 공부를 계속한다. 옥스퍼드나 케임브리지에서는 전공 분야에 대한 증서를 받지 않는다. 그들이 받는 것은 〈인간의 증서〉이다.[*]

본질을 탄탄하게 만들어 '사람'이 먼저 되어야 한다는 이야기입니다. 미국의 아이비리그에 속하는 컬럼비아 대학도 마찬가지입니다. 이 학교는 전공을 정하기 전에 2년 동안 교양만 가르치는데, 학생들은 이 시기에 문학, 철학에서부터 과학, 글쓰기, 음악, 미술에 이르는 총 10개의 교양(Literature humanities, Contemporary civilization, Art humanities, Music humanities, Frontiers of science, University writing, Foreign language requirement, Global core requirement, Science requirement, Physical

---

[*] 니코스 카잔차키스, 『영국 기행』, 이종인 옮김, 열린책들, 2008.

education requirement)을 배웁니다. 컬럼비아 대학은 1905년도에 이 제도를 만들었고 한 번도 고치지 않았다는 것을 매우 자랑스럽게 생각합니다. 교육의 본질은 교양과 삶의 태도를 가르치는 전인교육이 되어야 한다는 것이죠.

그런데 우리의 교육은 참 안타깝습니다. 이미 예전부터 음악, 미술, 체육 교육의 비중을 줄인다는 이야기가 많았어요. 국·영·수·사·과에 집중하겠다는 뜻이고, 이는 대학에 가는 것을 본질로 보고 있다는 이야기입니다. 기능인을 기르겠다는 겁니다. 좋은 대학에 가는 걸 교육과 학습의 본질로 보기 때문에 이런 현상이 생기는 겁니다. 별수 없이 사람들은 한 줄로 서게 되고 이것이 불안을 가중합니다. 자기감정을 절제하지 못하고 폭력을 행사하고 범법하는 고학력자의 이야기를 뉴스에서 접하게 되곤 하는데, 이것은 좋은 사회의 모습이 아닙니다. 기본적인 것을 먼저 갖춰야죠. 지식은 본질을 익힌 후에 있어야 합니다.

본질이 아닌 것 같다면 놓는 용기도 필요합니다. 저는 뉴스를 많이 보는 편이 아닙니다. 어차피 흘러갈 이야기라는 생각이 들기 때문입니다. 물론 사회 문맥을 파악해야 하고 세상 돌아가는 것도 알아야 하기에 확인하기는 하지만 제 안에 깊이 담아 놓지는 않습니다. 저는 흘러가는 것보다 본질적인 것에 시간을 쓰고 싶어요. 해외로 여행을 떠날 때나 출장을 갈 때 비행기 안이나 숙소에서도 뉴스보다 책 읽기를 선택합니다. 이것이 더 본질적이라고 생각하기 때문에 사회 변화에 대한 문맥 파악은 좀 놓고 사는 편입니다. 제 선택이 옳다는 이야기가 아닙니다. 제가 하고 싶은 이야기는 '본질을 발견하려는 노력과 본질이 아니라고 생각하는 것은 포기할 줄 아는 용기, 그리고 자기를 믿는 고집이 있어야 한다'라는 것입니다. 그래야만 단 하나뿐인 '나'라는 자아가 곧게 설 수 있으니까요.

강의 첫머리에 보여드린 피카소의 연작을 다시 한번 볼까요? 이 작품을 그리면서 피카소가 했던 일은 아이디어를 더하는 게 아니라 빼는 것이었습니다. 빼고 또 빼서 본질만 남기는 것이었죠. 많은 예술가가 이 작업을 합니다. 코코 샤넬도 옷을 디자인하고 거기에 액세서리를 붙인 후에 필요한 것만 남을 때까지 뺐다고 합니다. 완당 김정희 또한 "속기(俗氣)를 빼고 골기(骨氣)만 남겨라"라고 했다고 하죠. '속기'는 예쁘게 보이려는 마음이고 진짜 말하고자 하는 핵심은 '골기'라는 겁니다. 앙리 마티스도 마찬가지였습니다. 그의 〈The Back〉이라는 부조 연작을 보면 사물의 핵심을 잡으려는 노력이 그대로 보입니다. 이 작품은 한 사람의 뒷모습을 그린 청동 주물 작품인데 네 점의 작품은 한 인간이 선 형태를 단순화하면서 그를 지탱하는 기둥 하나를 선명히 드러내 보입니다. 결국 핵심은 단순해지고 명료해진다는 것을 예술가들의 작품을 통해 볼 수 있죠. 우리가 추구해야 할 것과도 일맥상통합니다.

『곽재구의 포구 기행』에서 저자는 사물의 핵심에 가장 빠르게 도달하는 길의 이름이 '연륜'이라고 말했습니다. 복잡한 사물의 핵심이 무엇인지 보려는 노력, 어떤 것을 보고 달려가느냐가 세상과의 싸움에서 이길 수 있는 커다란 무기입니다. 전자기타가 나와 한참 인기를 얻을 때 '기타(속기)'를 만든다고 했던 클래식 기타 회사는 다 망했고, '음(골기, 본질)'을 만든다고 했던 클래식 기타 회사는 모두 살아남았습니다. 본질은 삶을 대하는 데 있어서 꼭 기억해야 하는 아주 중요한 단어입니다. 우리가 본질적으로 가져가야 할 것이 무엇일까요? 오늘은 그것에 대해 고민해보시는 하루가 되길 바랍니다.

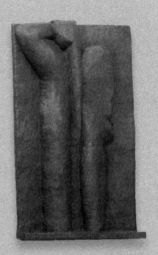

앙리 마티스, 〈The Back I~IV〉, 1908~1931, 청동, 뉴욕 모던 아트 미술관.

고전
古典

Classic, 그 견고한 영혼의 성(城)

이 찬란한 가을 저녁, 강의를 듣기 위해 모인 여러분께 감사드립니다. 오늘은 '고전'의 시간입니다. 고전에 대해 이야기하기 전에 사랑에 관한 시 한 편 들려드리겠습니다. 김용택 시인의 「첫사랑」입니다.

바다에서 막 건져 올린

해 같은 처녀의 얼굴도

새봄에 피어나는 산중의 진달래꽃도

설날 입은 새 옷도

아, 꿈같던 그때

이 세상 전부 같던 사랑도

다 낡아간다네

나무가 하늘을 향해 커가는 것처럼

새로 피는 깊은 산중의 진달래처럼

아, 그렇게 놀라운 세상이

내게 새로 열렸으면

그러나 자주 찾지 않는

시골의 낡은 찻집처럼

사랑은 낡아가고 시들어만 가네

이보게, 잊지는 말게나

산중의 진달래꽃은

해마다 새로 핀다네

거기 가보게나

삶에 지친 다리를 이끌고

그 꽃을 보러 깊은 산중 거기 가보게나

놀랄 걸세

첫사랑 그 여자 옷 빛깔 같은

그 꽃 빛에 놀랄 걸세

그렇다네

인생은, 사랑은 시든 게 아니라네

다만 우린 놀라움을 잊었네

우린 사랑을 잃었을 뿐이네

어디에선가 우연히 보게 된 시였는데 정말 좋았어요. 그런데 이 부분을 다시 한번 보세요.

바다에서 막 건져 올린 / 해 같은 처녀의 얼굴도 / 새봄에 피어나는 산중의 진달래꽃도 / 설날 입은 새 옷도 / 아, 꿈같던 그때 / 이 세상 전부 같던 사랑도 / 다 낡아간다네

미안하지만 우리 솔직해져 보죠. 사랑이 영원한가요? 남산에 올라 자물쇠를 채운들 그 사랑이 영원할까요? 누군가는 사랑의 유효기간이 3년이라고 했죠. 그런데 사실 사랑하는 그 순간에는 당사자들은 몰라요. 사랑이 영원할 줄 알아요. 저도 그랬고 여러분도 그럴 거예요. 사람은 누구나 그래요. 한 사람에게 무너져내린 황홀한 인생의 순간에 누가 마지막을 떠올리겠습니까? 빅토르 위고도 "우주를 한 사람으로 축소하고 그 사람을 신으로 다시 확대하는 것이 바로 사랑"이라고 말했어요. 지금 우주가 내 곁에 있는데 마지막이 보일 리가요.

저는 이것이 인생의 봄날 같습니다. 어느 순간 사랑이 시작되면 그 사람은 그냥 한 사람이 아니라 전 우주를 담고 있는

사람이 되고 우리는 봄날을 맞이하죠. 그러나 애석하게도 봄은 계속되지 않아요. 노래 가사처럼 봄날은 갑니다. 곧 바람이 불고 잎이 떨어지고 서늘한 공기가 세상을 메울 거예요.

알랭 드 보통의 소설 『왜 나는 너를 사랑하는가』나 『우리는 사랑일까?』는 사랑을 아주 객관적으로 묘사합니다. 한 커플의 순차적인 사랑의 기록을 보면 무릎을 치게 돼요. 남자는 처음 여자를 만났을 때 그 여자를 만난 건 운명이라고 생각합니다. 그 많은 장소 중 비행기 안에서, 파리에서 런던으로 가는 수많은 비행기 중 마침 그 비행기에서, 몇백 석이 넘는 자리 중 바로 자기 옆자리에 앉은 이 여자. 운명입니다. 마음속에 따뜻한 바람이 불고 행복을 느끼죠. 하지만 2년이 지난 후, 남자는 아무렇지도 않았던 그녀의 말투, 취향이 못마땅해지고 자신이 이 여자를 사랑했던 사실에 아연해요. 그러니까 김용택 시인의 말대로 사랑은 다 낡고, 시들어갑니다. 미안하지만 이것이 사실이에요. 그런데 따뜻한 사람인 김용택 시인은 희망 한 줄기를 남겨둡니다.

이보게, 잊지는 말게나 / 산중의 진달래꽃은 / 해마다 새로 핀다네 / 거기 가보게나 / 삶에 지친 다리를 이끌고 / 그 꽃을 보러 깊은 산중 거기 가보게나 / 놀랄 걸세 / 첫사랑 그

여자 옷 빛깔 같은 / 그 꽃 빛에 놀랄 걸세 / 그렇다네 / 인생
은, 사랑은 시든 게 아니라네 / 다만 우린 놀라움을 잊었네 /
우린 사랑을 잃었을 뿐이네

저는 솔직히 이것도 그저 위안을 줄 뿐인 것 같아요. 잔인
할지 모르지만 사랑이란 감정은 시들어요. 아래의 글은 김화
영의 『시간의 파도로 지은 성(城)』의 한 부분인데, 제가 생각
하는 사랑은 이런 것이에요.

누가 그랬던가 '영원한 사랑'이라고? 영원한 것은 오직
돌과 청동과 푸른 하늘뿐이다. 저 이끼 낀 돌 속에 사랑의
혼이 서려 있을까? 그렇지 않다. 흘러가버리는 것, 먼지가
되어버리는 살, 무너져버리는 사랑의 철저한 무(無)— 해묵
은 돌들이 증언하는 것은 그런 것뿐이다. 모두가 무너지고
오직 화려한 대문만 남은 이 사랑의 성은, 그리하여 마땅히
하나의 폐허인 것이다.[*]

여기에서 말하는 '사랑의 성'은 아름다운 디안 부인이 자

[*]   김화영, 『시간의 파도로 지은 성(城)』, 문학동네, 2002.

신을 사랑했던 프랑스의 왕 앙리 2세가 세상을 떠나자, 그가 사랑의 징표로 지어준 슈농소 성을 반환하고 돌아와 여생을 보낸 '아네 성'이에요. 스무 살 연하의 소년 왕자가 반할 만큼 아름다웠던 여인이 어린 연인을 먼저 떠나보내고 칩거했던 그 성에는 이제 냉정한 햇살과 이끼 낀 돌만이 남아 있어요.

지금까지 프랑스 역사 속에서 회자되는 5백여 년 전의 대단한 사랑의 주인공들도 결국 '언제나 승리하는 말 없는 자연의 돌들 속으로' 돌아갔습니다. 그러나 그들이 한창 사랑에 머물 때 축복을 내리던 햇살은 아직도 따뜻하게 머리 위를 비추고 있죠. 인간은 이 세상의 덧없는 길손일 뿐입니다. 영원한 것은 돌이고, 청동이고, 햇살입니다.

여기에 영원한 사랑을 믿지 않는 또 한 편의 시가 있습니다.

오, 기억해주오
우리가 연인이었던 그 행복했던 날들을
그 시절 삶은 아름다웠고
태양은 오늘보다 뜨겁게 타올랐다네
죽은 잎들은 하염없이 쌓이고
너도 알리라, 내가 잊지 못하는걸

죽은 잎들은 하염없이 쌓이고

추억도 회한도 그렇게 쌓여만 가네

북쪽에서 불어오는 바람은 그 모든 것을 싣고 가느니

망각의 춥고 추운 밤의 저편으로

너도 알리라, 내가 잊지 못하는걸

그 노래, 네가 내게 불러주던 그 노래를

그 노래는 우리를 닮은 노래였네

너는 나를 사랑했고 나는 너를 사랑했지

우리 둘은 언제나 함께인 둘로 살았었다

나를 사랑했던 너, 너를 사랑했던 나

하지만 인생은 사랑했던 두 사람을 갈라놓는 법

너무나 부드럽게, 아무 소리조차 내지 않고서

그리고 바다는 모래 위를 지우지

하나였던 연인들의 발자국들을

　자크 프레베르의 「고엽」입니다. 유명한 샹송 〈고엽〉의 바
로 그 고엽이에요. 노래로만 알다가 자크 프레베르의 시라는
걸 알게 된 건 어느 해 가을입니다. 바람에 낙엽이 굴러다니던
늦가을 무렵에 후배 이원흥을 포함한 몇몇과 장충공원 앞의
매점 테이블에서 맥주를 마실 때였습니다. 쓸쓸한 가을날, 낙

엽과 바람과 함께 술을 한잔하니 다들 노래가 있어야 한다고 의견을 모았습니다. 그래서 저보다 음감이 있고 음가를 제대로 알고 부르는 이원흥에게 한 소절 부탁했더니 이 노래를 부르더라고요. 가을밤, 옷깃을 여미고 마시는 맥주잔 사이로 흐르던 후배의 투박한 노래. 이 노래를 제대로 알게 된 그 순간은 기억에 오래 남아 있습니다.

그때 노래를 다 듣고 가사의 우리말 뜻을 궁금해하니 이원흥이 설명을 해주는데 참 좋았어요. 번역해서 메일로 좀 보내달라고 했죠. 지금 보신 것이 바로 제 후배의 「고엽」 번역본입니다. 그런데 마지막을 보세요. 자크 프레베르도 알고 있습니다.

나를 사랑했던 너, 너를 사랑했던 나 / 하지만 인생은 사랑했던 두 사람을 갈라놓는 법 / 너무나 부드럽게, 아무 소리조차 내지 않고서 / 그리고 바다는 모래 위를 지우지 / 하나였던 연인들의 발자국들을

모래 위에 새긴 발자국 같은 거예요, 사랑은. 파도가 밀려오면 지워져버리고 마는 것이죠.

시간을 이겨낸 고전

본론에 앞서 이런저런 사랑 이야기를 길게 한 것은 오늘 이야기할 고전을 좀 더 쉽게 설명하기 위해서였습니다. 표준 국어대사전에서 정의하는 '고전'의 의미 중에는 '오랫동안 많은 사람에게 널리 읽히고 모범이 될 만한 문학이나 예술 작품'이 있습니다. 한 포털에서는 '시대를 뛰어넘어 읽을 만한 가치를 지니는 것들을 통틀어 이르는 말'이라고도 설명하죠.

오랫동안 많은 사람에게 널리 읽히고 모범이 될 만한, 시대를 뛰어넘어 변함없이 읽을 만한 가치를 지니는 것. 그렇습니다. 온 세상을 품을 것 같던 사랑도 지워지고, 아름답던 얼굴도 시들고, 절대 잊지 못할 것 같던 치욕의 순간도 흐려지고, 날아오를 듯한 환희의 순간도 희미해집니다. 이렇게 잊히는 것이 인생인데 우리가 살다 간 흔적을 얼마나 남길 수 있을까요? 대부분이 시간에 굴복합니다. 그런데 고전은 시간을 이겨냈어요. 3백 년, 5백 년을 살아남았고 앞으로 더 긴 시간 살아남을 겁니다. 놀랍지 않습니까?

저는 이것이 정말 궁금했습니다. 모든 것이 시간 앞에 다 풍화되어버리는데 고전은 어떻게 그토록 오래 살아남을 수 있는 것인지. 심지어 마치 시간의 엄호를 받는 것처럼 세월이 흐를수록 더 단단해질 수 있는 것인지. 그래서 고전에 귀를 기울이고, 마음을 주기 시작했습니다. 그리고 이 본질적인 것의 힘이 무서워졌습니다. 이제 아시겠죠? '본질' 다음에 '고전'을 강의 주제로 택한 이유를 말입니다. 이 강의를 듣고 있는 분 중 한 분이 제게 메일을 한 통 보내주셨는데 이런 이야기가 적혀 있었습니다.

"그런 관점에서 볼 때 전 세계인을 감동하게 하는 위대한 문학이나 미술, 음악 등 예술 작품은 본질에 가깝다고 볼 수 있습니다. 나한테만 좋은 것이 아닌, 우리나라에서만 좋은 것이 아닌, 전 세계 다수의 인간이라는 종이 느끼는 근본적인 무엇을 건드린 것이기 때문입니다."

제 생각이 바로 그렇습니다. 고전의 성격을 아주 잘 이해했어요. 누군가는 좋고 누군가는 싫을 수도 있지만, 대다수 사람이 좋아할 확률이 가장 높은 것이 고전입니다. 세월을 이겨내고 살아남았기 때문이죠.

물론 당대도 중요합니다. 요즘의 트렌드, 올해의 베스트셀러, 올해의 예술 작품 중요합니다. 하지만 어디까지나 당대의 것입니다. 당대는 흐르고 고전은 남습니다. 당대의 작품

중 아주 뛰어난 몇몇만이 고전으로 남을 가능성이 있을 뿐입니다. 제가 만든 광고는 5년만 지나도 보기가 부끄러워요. 지금 전 세계의 사랑을 받는 수많은 K-POP 중 10년, 20년 후에도 우리가 좋아할 만한 곡이 얼마나 될까요? 30년 후, 50년 후까지 살아남을 수 있는 곡이 있을까요? 그럼 팝 중에는 있을까요?

비틀스를 한번 봅시다. 1960년대에 활동을 했으니 벌써 60년이 지났죠. 그리고 지금까지 비틀스는 비틀스입니다. 대단하죠. 그럼에도 불구하고 비틀스는 클래식이 '되어가고' 있을 뿐, 아직 클래식이라고 할 수는 없어요. 비틀스가 클래식이 될 수 있을지 없을지 사람마다 의견은 다르겠지만 어느 쪽으로도 장담할 수는 없습니다. 비틀스의 음악이 150년 후에도 살아남으려면 당대의 수많은 음악과 싸우고, 그런 세월을 거듭 거쳐야 할 거예요. 그리고 다시 1백 년의 세월을 살아남을까요? 글쎄요. 아직은 모르겠어요.

제가 정말 좋아하는 밀란 쿤데라의 『참을 수 없는 존재의 가벼움』은 1984년에 출간된 책인데 제가 보기에 이 책은 1백 년은 넘길 것 같아요. 하지만 도스토옙스키, 셰익스피어의 작품처럼 살아남을 수 있을까요? 그러려면 어떻게 해야 할까요? 몇백 년을 넘어 살아남은 것들은 과연 어떤 무기를 가지고 있는 걸까요?

지금까지 살아남아 고전이 된 모든 것을 무서워해야 해요. 하지만 우리는 도리어 무시하기 일쑤죠. 특히 청춘에게 고전은 사실 지루해요. 매일 새롭게 터져 나오는 것에 적응하며 살기에도 바쁘기 때문일 거예요. 끊임없이 변하는 세상의 속도에 가장 빠르게 적응하는 사람들인 만큼 고전을 돌아볼 여유가 없어요. 그런데 조금 더 생각해보면 좋겠어요. 뭐가 더 본질적인 걸까요? 오늘 나타났다가 일주일, 한 달 후면 시들해지는 지금의 유행보다 시간이라는 시련을 이겨내고 검증된 결과물이 훨씬 본질에 가깝지 않을까요?

2021년 어느 날에 메모해둔 글이 있습니다. "당대는 흐르고 풀벌레는 남는다." 그날 무슨 이유에서인지 정치 평론가의 말보다 풀벌레의 말이 훨씬 더 유익하다는 생각이 들었어요. 정치 평론은 대단하고 큰 이야기를 하는 것 같지만 흘러가는 당대의 이야기입니다. 그러나 풀벌레 소리는 100년 전이나 10년 전이나 지금이나 앞으로도 이어질 겁니다. 앞엣것은 흘러가고 뒤엣것은 남는 것이죠. 무엇이 본질에 가깝겠습니까?

〈소림명월도〉는 1796년에 김홍도가 스산한 숲속의 밝은 달을 그린 그림입니다. '월광 소나타'라고 불리는 작품은 베토벤이 1801년 만든 곡으로 원래 제목은 〈월광〉이 아닙니다. 독일의 음악평론가 루트비히 렐슈타프가 베토벤의 〈피아노 소나타 14번〉의 1악장을 듣고 이 곡이 달빛을 떠올리게 한다고 해서 붙인 이름입니다. 비슷한 시기에 살았지만 김홍도와 베토벤, 이 두 예술가는 서로의 존재를 전혀 몰랐고, 분야도 다르죠. 하지만 둘 다 달과 관련된 작품을 남겼고, 21세기를 살고 있는 저는 〈소림명월도〉 앞에서 〈월광〉을 떠올립니다. 달을 보면 그 두 예술가가 느꼈을 감정이 되살아날 것만 같아요. 그들은 자기가 느낀 무엇을 시대를 뛰어넘어 이백여 년 후의 사람에게까지 전달하고 있습니다. 위대하죠. 이처럼 현재뿐만 아니라 전혀 다른 시대 사람과의 본질적인 교감이 있다면 우리 인생은 풍요로울 겁니다.

사실 클래식은 일상에 이미 많이 노출되어 있어서 큰 감흥이 없을 수 있어요. 이해합니다. 무언가에 감동하려면 머리가 쩍 갈라지는 것 같은 충격이 있어야 하는데 어렵죠. 지하철 안내 방송으로 비발디의 〈사계〉를 듣고, 새벽 쓰레기차 소리로 베토벤의 〈엘리제를 위하여〉를 듣고 있으니까요. 공공시설의 흔한 BGM으로 클래식이 사용되기도 하고요. 그러니까 베토벤도, 비발디도 그저 씹다 버린 껌처럼 느끼기 쉬운 것이죠.

물론 이런 사용 방식이 나쁘다는 이야기가 아닙니다. 프

김홍도, 〈소림명월도〉, 1796년, 종이에 담채, 26.7×31.6cm, 호암미술관.

라하로 여행 갔을 때 체코 항공을 이용했는데요. 프라하의 바 츨라프 하벨 공항에 착륙할 때 비행기에서 체코의 음악가 스 메타나의 〈나의 조국〉이 흘러나왔어요. 그때 소름이 돋으면서 '아, 내가 프라하에 왔구나' 싶었죠. 그리고 그 음악을 제대로 듣고 싶어서 호텔에 도착하자마자 밖으로 나가 스메타나 〈나 의 조국〉 전곡이 들어 있는 CD를 샀습니다. 이 곡은 딸아이가 클래식 중에서도 손꼽는 음악입니다. 단지 위에서 언급한 문 제 의식은 클래식에 아무런 호기심이 생기지 않는다는 데 있 습니다. 클래식이 그저 쉽게 듣고 스치는 음악이 됐어요. 이렇 게 된 데는 교육의 탓도 큽니다.

경기 지역의 교사 4백 명에게 강연한 적이 있는데, 교사 분들 중 한 분이 어떻게 하면 아이들의 창의력을 키울 수 있는 지 물었습니다. 저는 아이들이 직접 느끼도록 해달라고 말씀 드렸어요. 실제로 아이들이 느끼게 해주면 됩니다. 좋은 것이 라고 강요하지 말고 좋음을 느끼게 해주는 것이죠. 물론 저 역 시 느끼는 교육을 받아보지 못했습니다. 비발디의 〈사계〉를 배울 때도 이 곡은 봄, 여름, 가을, 겨울까지 네 개의 계절을 표 현한 것이고 한 계절에 세 곡씩 들어가 있다, 시험 볼 테니 악 장별로 각 악장과 곡의 특징을 무조건 외워. 시험 볼 거야. 반 고흐도 그냥 외워. 〈별이 빛나는 밤〉 〈해바라기〉 모두 이 사람

작품이고 폴 고갱과 친구였어. 다 외워. 이런 식이었어요. 강요된 권위로 예술을 접한 셈입니다. '서울대 권장 도서 100권' '중학생이 읽어야 할 필독서' 이런 것도 마찬가지예요. 『파리 대왕』『일리아드』『카라마조프 형제들』이런 작품을 무조건 읽으라고만 해요. 그러니 학생들이 뭘 보겠어요? 요약본을 보는 거죠. 예전에는 고전 작품을 요약한 책자가 있었다면 요즘은 작품을 요약해 설명해주는 유튜브 채널이 많은 것 같아요. 아무래도 찾아보기가 훨씬 쉬워졌죠. 하지만 이런 콘텐츠는 보기는 쉽지만 일종의 가공식품을 먹는 것과 같다고 생각해요. 그걸 먹고 감동할 수 있을까요? 실제 오렌지를 생으로 갈아 만든 주스와, 오렌지 농축액과 향이 몇 퍼센트 첨가된 주스가 같은 맛일 수 없는 것과 같아요. 그 좋은 작품들의 깊이와 재미를 온전하게 느낄 수 없고 좋아도 좋은 걸 알 수가 없죠.

언젠가 한 건설회사에서 독서 지도를 해달라고 해서 방문한 적이 있습니다. 건설회사이다 보니 이과 쪽 공부를 한 직원이 많았습니다. 그중 한 분과 이야기를 나누게 됐는데, 이분이 소설은 잘 읽히지 않는다고 하더라고요. 소설은 결국 허구가 아니냐면서 물리나 화학, 건축 이야기는 꾸며낸 이야기가 아니라 사실이라서 받아들여지는데 소설은 '어차피 거짓말'

이라는 생각이 든다고 했습니다. 그러니 『안나 카레니나』 같은 소설이 무슨 재미가 있고 의미가 있겠습니까. 아니나 다를까 그분이 이어 말하기를, 그런 소설은 몇 줄로 요약된 줄거리만 파악하면 되지 않나 싶다고 하면서 저에게 의견을 묻더라고요.

저는 이렇게 답을 드렸습니다. 결국 소설이든 어떤 분야의 책이든, 심지어 영화나 드라마든 요약된 내용으로 만족하는 것은 알약만 먹고 생존하는 것과 다르지 않다고요. 인간의 몸이 생존하는 데 필요한 필수 영양소가 담긴 알약 5개만 먹어도 살 수 있다는 이야기를 듣고 그 약만 먹고 사는 것과 같다는 이야기였습니다. 그렇게 약만 먹는 것으로 충분하다면 고기의 질감, 채소의 신선한 맛을 느낄 수 없을뿐더러 함께 식사하는 사람들과 나누는 즐거움도 더는 누릴 수 없지 않을까요?

저는 선생님들을 대상으로 강의할 때 어린 시절 제가 받은 교육을 돌아보며 선생님들께 부탁합니다. 딱 한 번만 효율을 포기하고, 구할 수 있는 가장 좋은 스피커를 가져다 놓고 아이들에게 비발디의 음악을 들려줘 봐달라고요. 분명 학생 중 반 이상은 감동을 받아 소름 돋을 것이고 그러면 그걸로 됐다고, 그 이후부터는 학생들 스스로 클래식을 찾아 들을 거라고 말씀드립니다.

많이 가르치는 건 중요하지 않다고 생각해요. 서울대 권장 도서 100권을 꼭 읽고 내용과 특징을 외우지 않아도 인생은 얼마든지 풍요로울 수 있습니다. 방법만 알면 아이들은 자기 자신에게 좋은 것을 알아서 찾아 갑니다.

첨성대를 진짜 아시나요?

다들 학창 시절에 수학여행 다녀오셨죠? 요즘은 중·고등학교 수학여행을 제주도나 해외로 간다고도 하는데 70년대에서 90년대까지만 해도 가장 흔한 수학여행지는 '경주'였습니다. 수학여행의 의미를 찾아보면 "학생들이 평상시에 대하지 못한 곳에서, 자연 및 문화를 실제로 보고 들으며 지식을 넓히도록 하는 교육활동"입니다. 그런 점에서 여러 문화 유적지가 모여 있어 '지붕 없는 박물관'이라고 불리는 경주는 인기 수학여행지일 수밖에 없었습니다.

저도 고등학교 수학여행으로 경주를 처음 가봤는데요. 다만 그 시절은 한 반에 70명 가까이 되던 때였습니다. 한 반에 70명, 열 개 반인 남자고등학교의 수학여행은 어떻겠습니까? 상상 불가예요. 버스 열 몇 대에 빼곡히 나눠 탄 아이들이 '펑

상시에 대하지 못한 곳에서, 자연 및 문화를 실제로 보고 들으며 지식을 넓혀야겠다'라는 생각을 할까요? 호시탐탐 선생님의 눈을 피해 똑같이 경주로 수학여행 온 다른 학교 여학생들과 놀 궁리, 밤에 몰래 소주 한잔 마실 궁리뿐이죠. 이를 모를 리 없는 선생님들의 목표는 사고 없이 돌아가는 것, 오직 이것 하나일 수밖에 없고요. 그러니 선생님들 입에서 욕만 나오고 아이들은 눈치만 보는 여행을 하게 되죠.

이 수학여행에 관해 기억나는 것이 하나 있습니다. 첨성대에 갔을 때, 관광버스가 서자 선생님이 "저기 보이는 게 첨성대인데 40분 줄 테니 보고 와. 늦는 새끼는 각오해!"라고 했고, 반 아이들은 누구 할 것 없이 버스에서 내려 달려가서 첨성대를 '흘깃' 보고 '뭐야, 작잖아? 별거 아니네' 하고 돌아왔습니다. 그리고 그날 저녁 숙소에서 기어이 소주를 한잔 나누며 수학여행의 마지막 밤을 보냈죠. 그로부터 10년 후, 지인이 경주에 가자는데 저는 좀 심드렁했어요. "첨성대는 조그맣고 불국사는 오르내리는 데 괜히 다리만 아파. 볼 거 없어, 경주"라고 이야기했습니다. 고등학교 시절 수학여행에서의 그 감상이 그대로 남아 있었던 탓입니다.

그런데 말이죠. 첨성대는 별 볼일 없지 않아요. 신라인의 우주관이 담겨 있는 건축물입니다. 들어보세요.

몸체는 모두 27단으로 되었는데, 맨 위에 마감한 정자석
(井字石)과 합치면 28, 기본 별자리 28수(宿)를 상징한다. 여
기에 기단석을 합치면 29. 한 달의 길이를 상징한다. 몸체
남쪽 중앙에는 네모난 창이 있는데 그 위로 12단, 아래로
12단이니 이는 1년 12달과 24절기를 상징하며, 여기에 사
용된 돌의 숫자는 어디까지 세느냐에 따라 다소 차이가 있
지만 362개 즉 1년의 날수가 된다. (박성래, 한국사특강편찬위
『한국사특강』, 서울대출판부 1990, 433면)

그뿐만 아니라 첨성대는 태양의 움직임을 관측하는 기준
이 되는 일정한 기능도 했다.

기단석은 동서남북 4방위에 맞추고 맨 위 정자석은 그
중앙을 갈라 8방위에 맞추었으며 창문은 정남이다. 정남으
로 향한 창은 춘분과 추분, 태양이 남중(南中)할 때 광선이
첨성대 밑바닥까지 완전히 비치게 되어 있고, 하지와 동지
에는 아랫부분에서 완전히 광선이 사라지므로 춘하추동의
분점(分点)과 지점(至点) 측정의 역할을 한다. (전상운『한국과
학기술사』, 정음사 1975, 54면)*

---

* 유홍준, 『나의 문화유산답사기 1』, 창비, 2011. (전면개정판)

유홍준의 『나의 문화 유산답사기 1』에 나오는 첨성대에 관한 설명입니다. 다 읽는 데 5분도 채 안 되는 이 이야기를 수학여행 때 제대로 들었다면 어땠을까요? 제가 첨성대를 보고 그렇게 쉽게 '별거 아니네' 했을까요? 아뇨. 아마도 경이롭게 바라봤을 겁니다. 감탄했을 거예요. 그랬다면 10년 후에 "볼 거 없어"라고 쉽게 말하지 못했을 거예요. 우리는 첨성대를 알고, 비발디를 알고, 도스토옙스키를 안다고 하지만 진짜 아는 걸까요? 저는 안다고 생각하는 것이 알아야 할 것을 가리고 있다고 자주 이야기합니다. 클래식, 고전을 진짜 만나기 위해서는, 함부로 씹다 버린 껌처럼 여기지 않기 위해서는 준비해야 해요.

진짜 알려면 관심을 가져야 합니다. 관심을 가지면 그 대상의 본질에 대해서 궁금해질 겁니다. 그걸 제대로 알기 전에는 안다고 생각하는 것은 위험합니다. 모르면 모른다고 해야 해요. 단순히 "비발디 좋지. 바로크 알아. 〈모차르트 플루트 협주곡〉 그거 영화 〈엘비라 마디간〉에 나오는 건데" 하지 않았으면 좋겠습니다. 정보는 인터넷으로 조금만 찾아보면 다 나옵니다. 고전을 머리로 알려고 하기 전에 몸으로 받아들이고 느껴보세요. 그러다 보면 작품을 향한 문이 열려요. 그다음에는 그 작품이 막힘없이 몸과 영혼을 타고 흐를 겁니다.

클래식 음악이 인생에 미친 영향

저의 경우 클래식 음악을 몸으로 받아들이기 시작한 건 대학생 때였습니다. 어느 날 친구와 맥주나 한잔하려고 그 친구 집에 놀러 갔는데 그 집에 당시로서는 흔치 않던 큰 오디오가 있었어요. 친구가 LP 한 장을 턴테이블에 걸어줘서 눈을 감고 가만히 음악을 듣는데 갑자기 강물이 보이기 시작하는 거예요. 청각이 시각화되어서 강물이 보이고, 그 강물이 흘러가고 그러다 물줄기가 점점 거세졌습니다. 친구에게 무슨 곡인지 물어보니 스메타나가 여섯 곡으로 작곡해 만든 교향시 〈나의 조국〉 중 〈몰다우〉라는 곡이래요. 몰다우강을 묘사한 곡이라는 이야기에 깜짝 놀랐습니다. 음으로 묘사한 것이 시각화되어 나에게 그대로 전달된다는 사실에 전율했죠. 그다음부터 클래식 음악을 찾아 듣기 시작했어요. 라디오에서 클래식 채널을 찾아 듣고, TV에서 관련 음악 프로그램을 찾아보고, 책을 읽고, 영화를 봤습니다. 알면 알수록 궁금한 것이 늘어났지만 또 그만큼, 내가 아는 만큼 더 많이 보고 듣고 느낄 수 있었어요.

군에서 제대한 후에는 KBS에서 수입해 방영했던 〈명곡의 고향〉은 꼭 봤습니다. 그리고 PD를 꿈꿨죠. 그런 프로그램을 만들고 싶었거든요. 그러던 차에 인켈(inkel)이라는 오디오 제품 광고 공모전에 참가했는데, 클래식 음악에 빠져 있던 당시의 저답게 '음악은 세 번 태어납니다'라는 카피로 광고를 만들었어요.

> 음악은 세 번 태어납니다.
>
> 베토벤이 작곡했을 때 태어나고
>
> 번스타인이 지휘했을 때 태어나고
>
> 당신이 들을 때 태어납니다.
>
> 음악이 세 번째 태어나는 그 순간,
>
> 인켈이 함께합니다.

음악은 세 번 태어난다, 베토벤이 작곡할 때 태어난 뒤에 지휘자의 해석에 의해 다시 태어나고, 듣는 사람의 감정 상태에 따라 세 번째 태어난다,라는 이야기였죠. 이때가 공모전에 처음 응시한 거였는데 이 공모전에서 수상했어요. 그것이 계기가 돼서 광고도 재미있다고 생각하게 됐고, 두 번째 공모전에 나갔고 광고와 관련한 논문을 한 편 쓰고 광고에 좀 더 관심을 갖게 됐습니다. 사실 그전까지 광고라는 일은 제 바깥에 있었는데 말입니다. 친구 집에서 스메타나의 음악을 들었던 경험이 제 인생에 무슨 의미가 있을지 어떻게 알았겠어요? 그때 제 안에 찍힌 클래식이라는 점이 별을 만들어준 셈이죠.

그뿐만 아니라 클래식 음악은 제 삶을 풍요롭게 해주는 매우 큰 존재입니다. 어느 날 이사다 뭐다 집안일로 지쳐 집사람과 말없이 소파에 앉아 음악을 틀었는데, 스피커에서 베르디의 오페라 〈라 트라비아타〉의 노래가 흘러나오던 순간 둘다 표정이 바뀌었습니다. 그 힘든 와중에도 음악에 집중이 되면서 기분이 좋아지는 거예요. 음악은 진짜 좋은 것이라고 아내와 이야기했던 게 잊히지 않아요.

또 한 번은 아내와 영화 〈보헤미안 랩소디〉를 보고 돌아왔을 때의 일이에요. 시설이 좋은 큰 극장에 가서 좋은 음향으로 영화를 봤죠. 퀸은 아내와 제가 젊었을 때 활동하던 그룹이고 좋아하던 밴드예요. 당연히 그 어떤 세대보다 감동이 컸죠. 영화로 라이브 공연을 만끽한 채 붕 뜬 기분으로 집에 돌아와서 가지고 있던 퀸 음반을 들었습니다. 오랜만에 20대 대학 시절로 돌아간 것처럼 좋더라고요. 그런데 문득 집에 있던 오디오 기기가 클래식과 팝을 받아들이는 차이가 있는지, 있다면 어떻게 다른지 궁금하더라고요. 그래서 퀸의 감흥을 안은 채로 퀸 앨범을 빼고 차이콥스키의 〈바이올린 협주곡〉 앨범을 오디오 기기에 걸었습니다. 연주가 시작되고 얼마지나지 않아서 아내와 저는 아무리 퀸이어도 이걸 넘어설 수 없다고 이야기했어요. 그토록 좋아하던 밴드인데도 가슴으로 와닿는 무게가 다르더라고요. 요즘에도 좋은 음악이 많지만 클래식처럼 깊은 감동을 주는 것이 없어요. 아직은 그래요. 시간을 이겨냈다는 것이 이런 것이구나, 하는 생각이 강하게 들죠.

시간을 이겨낸 그림의 힘

시간을 이겨낸 고전 중에 소설과 음악 외에도 그림이 있죠. 저는 30대 중반부터 그림을 궁금해하기 시작했습니다. 이런저런 책을 통해 이해의 폭을 넓혔고 40대 초반 에른스트 H. 곰브리치의 『서양미술사』를 읽고 충격받았어요. 그때부터 그림에 관해 관심이 더 커지기 시작했습니다. 해외 출장 중에 잠깐 시간이 나면 미술관을 찾아다녔고요. 무슨 전시든 제가 머무는 곳에서 열리는 전시가 있으면 찾아가 봤습니다. 책으로만 보다가 눈으로 직접 본 느낌은 또 다르더라고요.

한번은 호주 멜버른에서 3일간 광고 촬영 일정이 있었는데요. 촬영을 모두 마치고 마지막 하루, 시간이 좀 남아서 한

미술관을 찾아갔더니 〈뭉크 특별기획전〉을 하고 있더라고요. 북유럽 화가의 전시를 남반구에서 보게 된 거죠. 〈절규〉로 유명한 뭉크를 무척 좋아하기도 했지만, 그림을 통해 사람의 심리 묘사를 탁월하게 해낸 그림들을 보고 뭉크라는 미술가에 다시 한번 홀딱 빠져버렸습니다. 하도 감동적이어서 그림을 잘 그리지는 못하지만 오래 기억하고 싶어서 대충 스케치해 메모로 남겨놓기까지 했어요. 세 가지 감정을 나타낸 연작이 었는데 〈Attraction II〉는 남자와 여자가 가깝게 쳐다보고 있는 그림이고, 두 번째 〈Separation II〉는 무표정한 남자의 정면과 여자의 옆모습입니다. 마지막으로 〈Jealousy II〉는 화를 내는 남자 뒤에 한 남녀가 서 있는 실루엣이 보입니다. 한 장의 그림 안에 인물의 표정과 각도 하나로 사람의 심리를 정확하게 표현해놓은 것이 정말 놀라웠죠.

그 옆에 있던 〈The Death Bed〉라는 작품은 실제로 보면 죽음의 냄새가 나는 것 같아요. 압도적이었어요. 〈The Three Stages of Woman〉이라는 작품은 소녀, 성숙한 여인, 노쇠한 할머니가 한 장면 안에 들어가 있어요. 한 여자의 일생이 그 안에 담겨 있는 겁니다. 그림을 잘 들여다보면 소설보다 많은 이야기를 찾을 수 있어요. 대단하죠. 이렇게 그림 하나가 나를 이야기 속으로 데리고 갑니다. 시공간을 이동하는 거예요.

에드바르 뭉크, ⟨Attraction II⟩, 1896, 석판, 48.2×36.5cm(위)
⟨Separation II⟩, 1896, 석판, 41×61cm(가운데)
⟨Jealousy II⟩, 1896 석판, 47.7×57.5cm(아래)

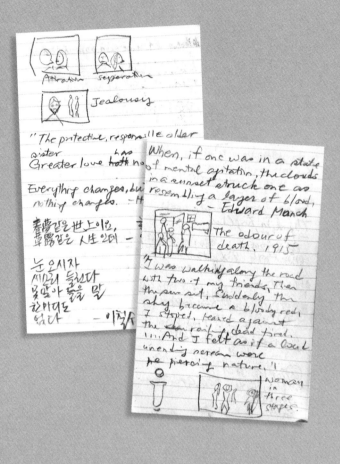

Attraction   separation

Jealousy

"The protective, responsible older
sister   has
Greater love hath no

Everything changes, but
nothing changes. - H

春夢같은 世上이요,
草露같은 人生으로 -

눈 오시자
새끼여 들었다
꽃같이 붉은 말
한마디도
없다
            — 이철

When, if one was in a state
of mental agitation, the clouds
in a sunset struck one as
resembling a layer of blood.
        — Edward Munch

The odour of
death. 1915

"I was walking along the road
with two of my friends. Then
the sun set; suddenly the
sky became a bloody red.
I stopped, leaned against
the railing, dead tired.
....And I felt as if a loud
unending scream were
re piercing nature."

Woman
in three
stages.

이 경험을 하고 나서 그림이 더 궁금해졌어요. 처음 그림을 볼 때는 감동을 짜내려고 미간에 힘을 주기도 했는데, 아무리 애써도 잘 모르겠더라고요. 그래서 책을 몇 권 살펴 읽었고, 조금 알고 나니까 보이는 것이 하나둘 생기기 시작했고, 나중에는 그림을 보고 훨씬 더 많은 것을 느낄 수 있게 됐습니다. 조금 더 덧붙이자면 그날은 제일 좋아하는 음악을 들었을 때보다 훨씬 좋았습니다. 그림에서 죽음의 냄새를 맡고 그림 한 장 안에 담긴 스토리를 읽고 화가의 천재성을 발견하면서 짜릿했습니다. 그러니까 뭉크의 그림들이 당장 제 일에 반영되지 않는다고 해도 저는 충분히 행복했어요. 지금도 그날의 감동을 떠올리면 행복하고요.

이야기가 나온 김에 독일 슈투트가르트에서의 기억도 말씀드려볼게요. 발레로 유명한 슈투트가르트는 인구 50만 정도의 작은 도시입니다. 그곳도 역시 일 때문에 출장을 갔었던 곳인데 돌아오는 날 비행기 출국 시간이 오후였어요. 공항에 가기 전에 근처 미술관을 찾아갔더니 마침 현대미술전을 하고 있더라고요. 당시만 해도 저에게 현대미술은 로버트 휴스라는 사람이 쓴 『새로움의 충격』과 퐁피두에서 본 현대미술전이 전부였습니다. 그런데 그곳에서 퐁피두에 이어 두 번째 현대미술전을 보게 된 겁니다.

오전이었고 사람이 별로 없어 한적했어요. 좋은 전시를 볼 수 있는 최적의 조건이었습니다. 게다가 큐레이터가 전시를 정말 잘해놨더군요. 칸딘스키의 작품이 어떻게 변해 나가는지 복도를 지나면서 볼 수 있게 되어 있었어요. 피카소가 어떻게 발전했는지, 아, 이래서 점·선·면이구나, 이래서 이 사람이 미술을 음악처럼 분해했구나, 구상이 비구상화되는 과정이구나 느낄 수 있었습니다. 정말 기뻤죠. 그때 봤던 것 중 하나가 박스 같은 형체에 사람 얼굴을 그린 작품인데요. 사람 얼굴은 입체인데 그림은 왜 평면인 건지 피카소의 고민이 고스란히 느껴졌습니다.

전시뿐만이 아닙니다. 언젠가 엑상프로방스의 생 빅투아르 산에 직접 가본 적이 있는데 그곳에서 세잔의 그림이 떠올랐습니다. 세잔이 생 빅투아르 산을 그린 초기작들은 디테일이 살아 있는데 뒤로 갈수록 붓 터치만으로 툭툭 그려나가요. 그 이유가 궁금했었는데 그날 깨달았습니다. 그날은 바깥에서 10분만 있어도 눈앞이 몽롱해질 정도로 정말 더운 날이었고 강렬한 햇빛에 생 빅투아르 산이 그려내는 선들이 흐릿하게 보일 정도였죠. 저편에 보이는 농가는 그냥 지붕과 벽이 있는 가로세로 각각의 입방체가 서 있는 것 같았습니다. 산을 이루고 있는 바윗덩어리들은 각만 살아 있는 것처럼 느껴졌고요. 그제야 세잔의 생 빅투아르 산 그림의 변화를 이해하게 됐어요. 이처럼 그런 것을 직접 보고 알게 됐을 때 삶의 희열을 느끼곤 합니다.

우리나라 옛 그림도 마찬가지입니다. 겸재 정선의 〈금강전도〉는 일종의 조감도입니다. 헬리콥터에서 아래를 내려다본 시선이에요. 그런데 그 시절에 헬리콥터가 어디 있겠어요. 게다가 그의 또다른 작품 〈박연폭포〉는 사람과 집에 비해 폭포가 웅장하게 표현되어 있어요. 그걸 어떻게 잡아냈느냐 하면 긴 화폭을 최대한 활용해서 폭포를 길게 그렸어요. 그 대비감으로 폭포의 웅장함을 나타낸 거죠. 저도 유홍준과 오주석의 책을 통해 알게 된 사실들입니다. 알고 보면 그 작품들이 단순한 옛 그림이 아닙니다.

클래식 음악이 주는 기적

다시 음악으로 돌아가볼까요? 비 오는 어느 날, 차가 막혀서 한 시간 넘게 차 안에 있어야 했고, 광고주 부장급 대상으로 하는 강의에 이미 늦은 상태였어요. 패닉이었습니다. 100여 명이 저를 기다리고 있는데 차는 움직이지 않는 상황

겸재 정선, 〈박연폭포〉, 1750년경, 비단에 수묵, 개인 소장.

에 말 그대로 미치겠더라고요. 그런데 그때 스피커에서 파헬벨의 〈캐논〉이 가야금 연주로 흘러나왔어요. 보닛 위로 빗방울이 떨어지는 소리가 흐르는 선율과 어우러지는데 어느 순간 마음이 차분해지더라고요. 제가 들어본 〈캐논〉 중 최고였습니다.

그 후 어느 날 집에서 딸아이에게 〈캐논〉을 들어보자고 하고는 각각 다른 버전의 〈캐논〉을 들려줬습니다. 집에 총 네 장의 〈캐논〉 앨범이 있었거든요. 그런데 가야금 〈캐논〉을 듣자 아이가 갑자기 말이 없어져요. 그리고 부엌에서 들리던 설거지 물소리가 끊어졌어요. 아내가 물을 잠그고 자리에 앉은 거예요. 그렇게 가족이 모여 앉아 5분 동안 아무 말 없이 그 음악을 들었습니다. 보배로운 순간이었죠. 그게 오래전 일인데도 지금도 생생하게 다 기억이 납니다. 물소리가 탁 멈추고 집사람이 앉던 순간, 죽을 때까지 기억날 장면, 정말 가져가고 싶은 순간. 내 삶의 진주알입니다.

음악만 틀어놓아도 기적적인 변화가 일어납니다. 진짜 순간적으로 공간의 분위기가 변하는 걸 느낍니다. 슈베르트의 〈죽음과 소녀〉 〈숭어〉 〈아르페지오네 소나타〉, 이런 곡을 들을 때 몸이 음악을 따라 떠오르는 걸 느낍니다. 〈죽음과 소녀〉의 경우 첫 음을 바이올린 현이 쫙 잡는데 그 순간이 나를 탁 끌

어올려요. 그 상태로 끝날 때까지 놔주질 않습니다. 음악이 나를 공중에 띄워놓는 감동이 있어요. 〈아르페지오네 소나타〉를 들을 때는 피아노 첫 두 음에 무릎의 힘이 탁 풀리죠. 기적입니다. 차이콥스키의 〈바이올린 협주곡〉은 음악 속에 드라마가 있죠. 저는 종종 제 마지막 순간에 제게 들리는 음악이 차이콥스키의 〈바이올린 협주곡〉 클라이맥스였으면 좋겠다고 이야기하곤 합니다. 이런 감동을 주는 게 세상에 또 어디 있을까요?

제가 좋아하는 모든 클래식 음악은 직업적으로도 도움이 되어왔고 앞으로도 그럴 거예요. 하지만 그런 기능적인 측면이 아니라고 해도 클래식 음악을 알고 있다는 사실이 참 다행스러워요. 살면서 베토벤의 〈월광〉을 듣고 소름 돋을 수 있으니까요. 그렇지 않으면 이 풍요로움을 놓치고 사는 거잖아요. 지금도 많은 사람이 클래식 음악이 지루하다고 생각하고, 음악회에 가자고 하면 꺼리기도 해요. 그런데 조금만 노력해서 문을 열어두면 인생이 풍요로워질 거라고 믿습니다. 오죽하면 제가 죽기 전에 마지막으로 듣고 싶은 음악이 차이콥스키의 〈바이올린 협주곡〉이겠습니까.

딸아이가 대학생이 됐을 때 미술사에서 철학으로 전공을 바꾸겠다고 하길래 무조건 그렇게 하라고 했습니다. 철학을 공부해서 뭐 먹고살겠냐고 하기도 하지만 제 생각에 철학은 그 무엇도 버릴 게 없는 학문입니다. 어떤 직업이든 철학은 도움이 됩니다. 본질적인 학문이니까요. 그런 점에서 고전, 클래식도 마찬가지입니다. 지금 제 모습에 만족할 수 있는 저를 만든 가장 큰 동력은 바로 고전에 대한 궁금증이었습니다.

　고전을 궁금해하세요. 여기저기에서 도움도 받고, 책을 통해 발견해내면서 알려고 하세요. 클래식을 당신 바깥에 살게 하지 마세요. 클래식은 삶을 풍요롭게 해주는 원천이자 즐길 수 있는 대상입니다. 공부의 대상이 아니에요. 많이 아는 것은 그렇게 중요하지 않습니다. 얕게 알려고 하지 말고, 깊이 보고 들으려고 하면 좋겠습니다. 여러분이 들고 있는 가방이 명품이 아닙니다. 그 가방은 단지 고가품일 뿐이죠. 명품이라고 하면 떠오르는 몇몇 브랜드가 있을 거예요. 저는 그 이름의 상품은 고가품이고 진짜 명품은 클래식이라고 생각합니다. 여러분도 무엇이 명품인지 판단해보시고 진정한 명품의 세계로 들어가시길 바랍니다.

견

見

이 단어의 대단함에 관하여

간장게장 좋아하세요? 밥도둑이잖아요. 알이 꽉 찬 간장게장, 얼마나 맛이 있습니까? 저도 무척 좋아하는 음식입니다. 이제 제가 시 한 편을 읽어드릴 텐데, 이 시를 읽고 난 2분 뒤 여러분은 간장게장을 못 먹게 될지도 모릅니다. 저는 이 시를 읽고 정말 더는 먹지 못하게 됐습니다. 들어보세요. 안도현 시인의 「스며드는 것」이라는 시입니다.

꽃게가 간장 속에
반쯤 몸을 담그고 엎드려 있다
등판에 간장이 울컥울컥 쏟아질 때
꽃게는 뱃속의 알을 꺼안으려고
꿈틀거리다가 더 낮게

더 바닥 쪽으로 웅크렸으리라

버둥거렸으리라 버둥거리다가

어찌할 수 없어서

살 속에 스며드는 것을

한때의 어스름을

꽃게는 천천히 받아들였으리라

껍질이 먹먹해지기 전에

가만히 알들에게 말했으리라

저녁이야

불 끄고 잘 시간이야

간장게장을 담글 때는 살아 있는 게를 씁니다. 살아 있는 게에 간장을 부어 삭히는 거죠. 살이 살아 있어야 하니까요. 우연히 보게 된 이 시를 아침에 읽었는데 힘이 다 빠졌어요. 그 당시 학생이었던 딸아이는 '울컥울컥 쏟아질 때' 부분에서 벌써 울기 시작했고요. 안도현 시인은 참 나쁜 사람이에요. '저녁이야 불 끄고 잘 시간이야'라니 어쩌라는 겁니까. 꽃게에 대해 어떻게 이런 이야기를 하죠?

이제 게 좋아하는 사람들끼리 반성하면서 4강 '견(見)' 이야기를 시작합시다. 그런데 왜 강의 시작 전에 이 시를 읽어

드렸느냐, 이 시가 제가 오늘 이야기할 주제의 반이기 때문입니다.

여러분, 이 시를 읽기 전에 꽃게를 몰랐나요? 한 번도 먹어본 적 없습니까? 저는 수없이 먹어봤지만 단 한 번도 이런 시선으로 꽃게를 본 적 없습니다. 이것이 시인의 힘입니다. 똑같은 꽃게를 보고 다른 것을 읽어내는 힘이요. 그 힘은 안도현 시인의 시선에서 시작되는 겁니다. 눈으로 보는 것, '見'이 어떤 이에게는 힘이 되는 거죠.

제가 見, 이 단어를 주목하게 된 이유는 직업 때문이었습니다. 광고업계에서 카피라이터로 일하다 보니 이런저런 강의 요청을 받곤 합니다. 제가 CD가 됐을 때니 1998년쯤일 겁니다. 처음에는 카피라이팅 강의, 마케팅 강의를 해달라던 사람들이 언젠가부터 창의력 강의를 해달라고 하더군요. 하지만 저는 창의력은 가르칠 수 있는 주제가 아니라고 생각합니다. 전 세계 어느 대학에도 창의력 학과는 없습니다. 만들어놓으면 학생이 몰려들 텐데 왜 만들지 않을까요? 안 만드는 게 아니라 못 만드는 겁니다. 창의력은 규격화할 수 없고 전달할 수 없는 것이기 때문입니다. 기술이나 이론은 만들 수 있어요. 법도 판례를 남겨 참고 삼도록 하죠. 그런데 창의력은 지난 것이 참고되지 않습니다. 어떤 틀 안에 넣을 수 있는 것이라면 그건 더는 창의적이라고 할 수 없을 거예요. 그러니 창의력은 가르칠 수 있는 게 아니라는 겁니다. 창의력을 기를 수 있는 단 하나의 교실이 있다면 바로 현장입니다.

언젠가 한 일간지와 진행하려던 프로젝트가 있었는데, 제가 인터뷰어가 돼서 창의적인 인터뷰이를 만나 인터뷰하는 것이었습니다. 그때 제가 제안한 것이 현장에서 몸으로 부딪치는 사람을 만나자는 것이었습니다. 연주자, 영화감독, 시인, 소설가, 심지어 야구 감독까지 현장에서 뛰면서 무언가를 만들고 이뤄내는 사람들을 만나고 싶었습니다. 저는 말로는 창의력을 발휘할 수 없다고 생각합니다. 창의력은 현장에 있다고 굳게 믿고 있습니다. 이런 믿음을 가지고 있는 저에게 창의력을 말로 풀어달라고 하니 참 난감했어요. 모두를 현장에 불러 세울 수도 없는 노릇이고, 어떻게 해야 하나 고민하면서 제가 신입사원일 때 들었던 창의력 강의를 떠올렸습니다.

광고회사 신입 시절에 카피라이터 교육 등 창의성에 관한 다양한 강의를 들었는데, 기억에 남는 사실은 이것 하나였어요. 창의성에 대한 강의인데도 모든 형식을 규격화시키는 내용이었다는 겁니다. 예를 들면 '좋은 헤드라인을 쓰는 20가지 방법' 같은 것 말이지요. 당시 광고계 4대 천황이라 불리던 한 분이 강의했었는데 이런 식이었습니다. '1번, 부정문을 써본다. 2번, 의문문을 써본다. 3번, 나를 주어로 써본다. 4번, 너를 주어로 써본다.' 이런 식으로 헤드라인을 쓰는 20가지 방법을 알려줬습니다.

사실 카피라이터로 살면서 한 번도 이런 식으로 카피를 써보지 않았습니다. 제가 쓴 카피 중 '그녀의 자전거가 내 가슴속으로 들어왔다'를 예로 들어보자면, 그녀의 자전거가 내 마음속으로 들어왔다, 내 마음속에 그녀의 자전거가 들어왔다, 나는 그녀의 자전거 속으로 들어갔다, 이렇게 써보지 않았다는 겁니다. 물론 그 당시 그분도 카피를 잘 쓰고 싶은 사람들의 궁금증을 두 시간 안에 풀어주기 위해 선택한, 어쩔 수 없는 방법이었다는 걸 지금은 이해합니다. 하지만 그것은 물처럼 흐르는 것을 그물로 가둬놓으라는 것과 다를 바 없었어요. 패착(敗着)이었죠.

그때 그 강의를 떠올리며 적어도 그렇게 이야기하지는 말아야겠다고 생각했습니다. 그렇다면 도대체 창의력에 대해 무엇을 이야기할 수 있을까 고민하다가 제가 만든 광고들을 다시 되짚어 보기 시작했습니다. 제가 만든 광고가 창의적이기를 간절히 바라기는 하지만 판단은 제가 내리는 것이 아닌데요. 그럼에도 불구하고 제 광고를 창의적이라고 본다면 이 광고들의 아이디어를 어디에서 찾아냈었는지, 이것을 먼저 살펴보자고 결론을 내렸습니다.

아이디어의 시작, 경험

그렇게 제가 아이디어를 얻은 순간들을 하나둘 복기해보니 전부 저의 경험이었습니다. 경험, 제가 보고 겪은 것들입니다. 이를테면 제 머릿속 327번 셀(cell)에 들어가 있지 않았다면 절대로 나올 수 없는 것들이죠. 〈SK텔레콤 - 사람을 향합니다〉 광고를 예로 들어볼게요.

> 왜 넘어진 아이는 일으켜 세우십니까?
> 왜 날아가는 풍선은 잡아 주십니까?
> 왜 흩어진 과일은 주워 주십니까?
> 왜 가던 길은 되돌아가십니까?
> 사람 안에는 사람이 있습니다
> 사람을 향합니다

이 광고의 아이디어는 어느 날 길에서 넘어진 아이를 일으켜 세운 제 경험에서 시작됐습니다. 넘어진 아이를 봤고, 아이를 얼른 일으켜 세우면서 다치지 않았냐고 물었죠. 그런데 그 순간 궁금해졌어요. 내가 아는 아이도 아닌데 나는 왜 이런 행동을 했을까? 이유가 뭘까? 아이 엄마에게 잘 보이기 위해서? 내가 아이를 좋아하는 사람이라서? 박애주의자라서? 전부 아니었어요. 그리고 '나는 왜 그런 행동을 했을까?' 하는 그 물음을 327번째 셀에 넣어놨죠. 그리고 2005년 광고 회의를 할 때, 도대체 사람은 왜 다른 사람을 배려하는 걸까? 인간이 가지고 있는 기본적인 DNA 아닐까? 하는 이야기를 하게 됐어요. 그리고 327번째 셀에 넣어뒀던 질문을, 그때의 상황을 끄집어냈습니다. 그러고 보면 우리는 누가 시키지 않아도 아이가 놓쳐서 날아가는 풍선을 잡아 주고, 떨어진 사과를 함께 줍고, 넘어진 아이를 일으켜 세우더라는 말이죠. 거기에서 '사람 안에는 사람이 있습니다. 사람을 향합니다'라는 카피가 나왔습니다.

'나이는 숫자에 불과하다' '넥타이와 청바지는 평등하다'라는 카피도 마찬가지였습니다. 1997년 뉴욕에서 유학할 때였어요. 첫 수업을 앞두고 교실에 앉아 있는데 문이 열리더니 60대 백인 아저씨가 다섯 권 정도의 책을 들고 들어왔습니다. 당연히 교수인 줄 알았는데 제 옆에 앉더라고요. 알고 보니 『내셔널 지오그래픽』 편집장으로 그 수업과 관련된 주제가 궁금해서 강의를 들으러 온 것이었습니다. 60대 아저씨가 저와 같은 학생이라는 사실에 놀라고 있는데, 잠시 후 30대 동양인이 들어와 강단에 서더군요. 그러더니 본인은 'Professor Wang'이라며 한 학기 동안 잘해보자고 학생들에게 인사했어요. 그 사람이 교수였던 거예요. 그 순간을 어떻게 잊겠습니까? 그 경험은 128번째 셀에 집어넣어 뒀습니다. 훗날 그 경험에서 '나이는 숫자에 불과하다'라는 카피가 나왔죠. 그 강의실 풍경이 카피 그대로이지 않습니까?

음악도 마찬가지입니다. '넥타이와 청바지는 평등하다' '나이는 숫자에 불과하다' 'KTF적인 생각'에 쓰인 음악은 〈Take Five〉라는 곡입니다. 이 곡과 관련해서도 에피소드가 있습니다. 그 전에 먼저 알려드릴 것이 저는 '음가 평등주의자'라는 사실입니다. 다른 사람들은 '음치'라고도 하죠. 제게는 모든 음이 다 똑같아요. 이 말은 곧 어떤 음악을 제목과 연주자를 모르는 상태에서 상대에게 설명할 길이 없다는 이야기입니다. 저는 음을 소리 내는데 제 음악적 수준을 따라오지 못하는 상대방은 이해하지 못해요. (웃음) 그런데 어느 날 우연히 들었던 노래 한 곡이 너무 좋았어요. 그래서 일단 머릿속에 저장해두었습니다. 지금처럼 스마트폰으로 음악 검색을 할 수 없는 때였으니 그게 어떤 곡인지 알 방법이 없었죠.

이후에 이 사람 저 사람 붙잡고 "따랏따따따따~랏따" 아무리 불러봐도 다들 모르겠다고 해요. 심지어 1년 후 뉴욕에 갔을 때 음반 가게에 가서 점원에게 "따랏따따따따~랏따"를 부르며 물어봤지만 역시나 마찬가지였습니다. 어쩌겠어요. 결국 포기했죠.

그때로부터 한참 지난 어느 날이었습니다. 딸아이와 함께 자전거를 타러 센트럴파크에 갔는데 세상에, 야외 음악당에서 거리의 연주자들이 그 곡을 연주하고 있는 겁니다. 당장 자전거 핸들을 돌려서 그쪽으로 달려갔고, 마침내 그 곡이 데이브 브루벡 쿼텟의 〈Take Five〉라는 걸 알아냈습니다. 그렇게 해서 그 음악이 여러 광고에 쓰이게 됐어요.

이렇듯 내가 보지 않고 머릿속에 저장해놓지 않았다면 아이디어는 나올 수 없습니다. 제가 앙리 루소의 〈꿈〉이라는 그림을 매우 인상적으로 보았기 때문에 SK브로드밴드의 〈SEE THE UNSEEN〉 광고의 이미지가 나올 수 있었고, 비발디에 빠져 있었기 때문에 박카스 광고에 〈사계〉를 활용할 수 있었을 거예요. 다 머릿속 경험에 있는 겁니다.

제대로 보고 제대로 들을 것

자, 그런데 여기 트릭이 하나 있습니다. 머릿속에 있다고 모든 것이 창의적으로 발현되는 것은 아닙니다. 머릿속에 있으되, 327번, 128번처럼 아주 정확한 셀에 새겨져 있어야 합니다. 흘러간 것은 잡히지 않습니다. 깊이 새겨져 있는 것만 잡을 수 있어요. 즉, 저는 간장게장을 흘려봤던 것이고, 안도현 시인은 깊이 새겨본 겁니다. 제가 넘어지는 아이를 일으켜 세운 게 살면서 처음이 아니었을 겁니다. 그런데 계속 흘려보다가 그때 한 번 깊이 본 것이 아이디어가 된 것이죠. 이래서 볼 견(見)인 겁니다.

시이불견 청이불문(視而不見 聽而不聞)

심부재언 시이불견 청이불문 식이부지기미(心不在焉 視而不見 聽而不聞 食而不知其味). '마음에 있지 않으면 보아도 보이지 않고, 들어도 들리지 않으며, 그 맛을 모른다'라는 뜻으로 유교 경전 중 『대학』에 나온 말입니다. 우리가 하는 대부분의 행동은 '시청(視聽)'을 하는 거죠. 간장게장을 먹을 때 그저 흘려보고 흘려들은 겁니다. 그런데 어느 순간 안도현 시인은 간장계장을 '견문(見聞)'한 거예요. 그 차이입니다. 흘려보고 흘려듣느냐, 깊이 보고 깊이 듣느냐의 차이. 결국 생각해보니 지금까지 제 경쟁력이 되어준 단어는 '見'이었습니다. 노조도 없고 정년도 없는 데다 언제라도 쉽게 잘릴 수 있는 광고계에서 지금까지 일할 수 있었던 것은 見이 있었기 때문이고, 이 단어 덕에 딸아이 등록금을 낼 수 있었습니다. 뿐만 아니라 앞으로도 어디에서 무엇을 하든 제 몫을 다하려면 저는 끊임없이 견문해야 할 겁니다. 다른 방법이 없어요.

그렇다면 見의 범위는 어디까지일까요? 내 눈앞의 것, 내 행동만 잘 본다고 해서 아이디어가 샘솟고 창의력이 솟아나지 않습니다. 때로는 주변의 모든 것들, 예를 들어 회의실에서의 누군가의 한마디, 친구들과의 대화, 지나가는 사람들의 모습에도 주목해야 합니다. 그들의 말을 시청하지 말고 견문해야 하죠. 이게 뭐가 어려운 일이냐 싶겠지만 어려운 일입니다. 왜냐하면 대단한 말들이 아니니까요. 일상의 언어일 뿐이에요. 그런데 이걸 견문해서 그 안에서 빛나는 무언가를 발견해내야 하는 겁니다.

한번은 아파트 광고 회의에서 인턴 사원이 이런 말을 했습니다.

위대한 장면도 감상을 하지 않았다면 사소한 것이고
사소한 장면도 감상을 하였다면 위대한 것이다.

"저는 요즘의 아파트 광고는 싫어요. 매일 예쁜 연예인이 롱 드레스를 입고 나오는데 집에서 드레스 입는 사람이 어디 있어요? 편한 옷을 입고 있잖아요. 유럽의 성 그림이 나오고 샴페인만 터뜨리는데, 실제하고 너무 동떨어진 이야기 같아요. 배우 누구누구도 아파트 광고를 하는데 실제로 그 아파트에 살지 않는다면서요? 다 거짓말이에요."

사실 이건 정말 인턴다운 이야기입니다. 아파트 광고를 그렇게 만드는 데는 다 이유가 있습니다. 사람들은 실제와 달라도 내가 사는 집이 멋있게 보이길 바랍니다. 그래야 시세가 오르고 팔리니까요. 그러니 그 인턴의 말은 그가 아마추어이니까 할 수 있는 이야기이고, 흘려들을 수 있는 이야기였습니다. 그런데 그때 '과연 이 친구만 이렇게 생각할까?' 싶었어요. 그래서 그 친구의 말을 정리해봤고, 그게 〈대림 e편한세상 - 진심의 시세〉 광고가 됐습니다.

    톱스타가 나옵니다
    그녀는 거기에 살지 않습니다
    멋진 드레스를 입고 다닙니다
    우리는 집에서 편안한 옷을 입습니다

유럽의 성 그림이 나옵니다

우리의 주소지는 대한민국입니다

이해는 합니다

그래야 시세가 오를 것 같으니까

하지만 생각해봅니다

멋있게만 보이면 되는 건지

가장 높은 시세를 받아야 되는 건 무엇인지

저희가 찾은 답은 진심입니다

진심이 짓는다

인턴이고 아마추어임에도 불구하고 솔직하게 이야기해준 인턴 사원과 그 인턴의 말을 흘려듣지 않은 제가 이 광고를 함께 만들어낸 셈입니다. 광고회사에서는 이런 일이 수도 없이 벌어집니다. 그러니 뭘 주목해야 하느냐? 나의 일상뿐만 아니라 내 주변에 있는 친구들이 던진 말을 시청하지 말고 견문해야 하는 겁니다.

그러니 내가 먹고사는 생업을 위해 필요한 창의력, 이것을 설명할 수 있는 한 단어는 오직 '見'뿐이라고 생각하지 않을 수 없었습니다. 이렇게 창의력과 見을 연결시키고 보니 이것을 좀 더 지지해줄 이야기가 필요해 책을 찾아 읽다가 깜짝 놀랐습니다. 이미 많은 사람이 見, 즉 보는 것의 힘에 대해서 말하고 있었기 때문이죠. 소개해볼까요?

見의 힘을 믿은 사람들

존 러스킨이라는 영국의 시인은 "네가 창의적이 되고 싶다면 말로 그림을 그려라"라고 했습니다. 누군가가 "뭘 봤니?"라고 물었을 때 그저 "풀"이라고 대답하지 말고, 풀이 어떻게 움직이고 있었고 잎은 몇 장 있었으며 잎의 길이는 어느 정도였고, 햇살은 어떻게 받고 있고 앞면과 뒷면의 색은 어떻게 달랐는지, 줄기와 잎이 어떻게 연결되어 있었는지 등 세세히 그림 그리듯 말하라는 것이었죠. 즉, 들여다보라는 겁니다.

앙드레 지드도 『지상의 양식』에서 시인의 재능은 자두를 보고도 감동할 줄 아는 재능이라고 했습니다. 시인의 재능은 자두를 보고도 감동하고, 간장게장을 보고도 감동하는 겁니다. 광고장이만 見이 필요한 것이 아니죠. 이즈음에서 같은 것을 보고 시청해서 흘려버린 저와 달리, 견문으로 시를 남긴 도종환 시인의 「담쟁이」라는 시를 들려드릴게요.

저것은 벽

어쩔 수 없는 벽이라고 우리가 느낄 때

그때

담쟁이는 말없이 그 벽을 오른다

물 한 방울 없고 씨앗 한 톨 살아남을 수 없는

저것은 절망의 벽이라고 말할 때

담쟁이가 서두르지 않고 앞으로 나아간다

한 뼘이라도 꼭 여럿이 함께 손을 잡고 올라간다

푸르게 절망을 다 덮을 때까지

바로 그 절망을 잡고 놓지 않는다

저것은 넘을 수 없는 벽이라고 고개를 떨구고 있을 때

담쟁이 잎 하나는 담쟁이 잎 수천 개를 이끌고

결국 그 벽을 넘는다

우리 가족이 담쟁이를 발견하면 저에게 이야기해줄 만큼 저 역시 담쟁이를 좋아하지만 저는 그저 시청만 한 것이었습니다. 도종환 시인은 진짜 담쟁이를 본 것이고요. 담쟁이가 가지고 있는 모든 속성이 이렇게 아름답게 표현된 적이 없습니다.

차이는 뭘까요? 박웅현이 사는 동네의 담쟁이는 시상이

떠오르지 않게 자라고 도종환 시인이 사는 동네의 담쟁이는 시상이 떠오르게 자라는 걸까요? 뭐가 다른 거죠? 저는 그렇게 담쟁이를 좋아하면서 왜 저런 시를 쓰지 못했을까요? 제가 본 담쟁이와 시인이 본 담쟁이가 다르지 않아요. 보지 못한 제 눈에 그 답이 있는 것이죠. 말씀드렸듯 見은 시인뿐만 아니라 광고인, 그리고 누구에게나 필요합니다. 창의력은 어떤 직업, 어떤 직종에서도 필요한 것이니까요.

뒤쪽에 실어둔 것은 국내 일간지에 실렸던 한 기자의 見입니다. 저는 이 시선이 참 좋습니다. 아름다워요. 이 기사는 시가 아니지만 저에게는 시입니다. 아무것도 아닌 걸 들여다본 것이니까요. 우리는 비둘기를 그저 날아다니는 쥐라면서 쫓기 바쁘죠. 그런데 이 기자는 비둘기들이 이렇게 되기까지의 모습을 들여다봤어요. 見의 힘입니다.

이창동 감독의 영화 〈시〉에는 여주인공 故 윤정희 씨가 다른 할머니들과 함께 문화센터에서 시 창작 강의를 듣는 장면이 나옵니다. 이 장면에서 실제 김용택 시인이 '김용탁' 시인으로 출연하는데요. 그가 할머니들에게 시 수업을 하면서 이렇게 이야기합니다.

"여러분, 사과를 몇 번이나 봤어요? 백 번? 천 번? 백만

비둘기가 평화의 상징으로 인식되던 1970~80년대의 전국체전이나 대규모 국가 행사
에선 늘 비둘기떼를 하늘로 날려보내며 대미를 장식하곤 했다. 그러나 세월이 흘러 이
제는 비둘기가 유해 조수로 지정되었고, 심지어 '닭둘기'로 불리며 도시의 천덕꾸러기
신세가 되었다. 비둘기들 책임일까, 사람들 잘못일까? 도시 전철의 교각 틈바구니에 쇠
꼬챙이를 설치하면 비둘기들이 사라질까?

— 「[포토에세이] 무주택 설움」, 한겨레, 2012. 09. 02, 강재훈 선임기자

번? 여러분은 사과를 한 번도 본 적 없어요. 사과라는 것을 정말 알고 싶어서, 관심을 두고 이해하고 싶어서, 대화하고 싶어서 보는 것이 진짜로 보는 거예요. 오래오래 바라보면서, 사과의 그림자도 관찰하고, 이리저리 만져도 보고 뒤집어도 보고, 한 입 베어 물어도 보고, 사과에 스민 햇볕도 상상해보고. 그렇게 보는 게 진짜로 보는 거예요."

이 장면을 보고 정말 반가웠습니다. 제가 見을 이야기하는 게 틀린 말이 아니었기 때문이죠. 사과를 자두로 바꾸면 앙드레 지드가 되고요, 간장게장으로 바꾸면 안도현이 되고, 담쟁이로 바꾸면 도종환이 됩니다. 시만 그런가요? 소설가 김훈이 『자전거 여행』에 꽃들에 관해 쓴 절창을 읽기 전에 보던 꽃과 읽고 난 후에 보는 꽃이 달라요. '말기 암 환자처럼 떨어지는 목련, 개별자로 태어나는 동백, 꽃이 꾸는 꿈과 같은 산수유, 바람에 날려가 흩어지는 순간이 절정인 매화.'[*] 흘려보던

---

[*] 소설가 김훈은 『자전거 여행 1』(문학동네, 2014)에서 "목련꽃의 죽음은 느리고도 무겁다. 천천히 진행되는 말기 암 환자처럼" "동백은 한송이의 개별자로서 제각기 피어나고 제각기 떨어진다" "산수유는 꽃이 아니라 나무가 꾸는 꿈처럼 보인다." "바람에 흩날리는 그 잠시동안이 매화의 절정이고, 매화의 죽음은 풍장이다"라고 썼다.

것들을 들여다보게 해요. 광고, 시, 글 쓰는 모든 일이 그렇죠. 그림은 다를까요? 음악은요? 다르지 않아요. 모든 것이 다 같습니다.

음악 이야기가 나왔으니 한 가지 이야기해봅니다. 〈아마데우스〉라는 영화를 보면 모차르트가 오페라 〈마술피리〉의 〈밤의 여왕〉 아리아를 작곡하는 장면이 나옵니다. 그게 사실인지 아닌지는 모르지만, 술과 음악뿐이던 모차르트에게 장모가 소리치며 잔소리를 하는데, 모차르트는 그 모습에서 〈밤의 여왕〉 아리아의 모티프를 떠올립니다. 심지어 장모의 잔소리도 모차르트에게 음악적 영감이 된 거예요. 매일 듣는 잔소리, 그 잔소리, 아 또 잔소리, 하는 그 순간이 각성의 순간, 유레카의 순간이 된 거죠. 뉴턴이 사과가 떨어지는 만유인력을 발견한 순간이에요. 사과가 처음 떨어졌나요? 아르키메데스가 목욕을 처음 했을까요? 하필 그 순간 어떻게 대오각성했느냐? 바로 시(視)에서 견(見)의 경지로 들어선 겁니다. 적용되는 범위를 보면 정말 見은 매우 중요하고, 그래서 또 무서운 단어입니다.

『생각의 탄생』에 이런 문장이 나옵니다. "발견은 모든 사람이 보는 것을 보고 아무도 생각하지 않는 것을 생각하는 것으로 이루어져 있다."* 그리고 이것은 모든 천재의 공통점이라고 이야기해요. 모두가 보는 것을 보는 것, 시청(視聽). 아무도 생각하지 못하는 것을 생각하는 것, 견문(見聞)이죠. 같은 뜻이에요.

결핍이 결핍된 세상에서 제대로 보는 방법

아이디어는 어디에나 있습니다. 없는 것은 그것을 볼 줄 아는 내 눈입니다. 아름다움은 보는 사람들의 눈 속에 있는 법입니다(Beauty is in the eye of the beholder.). 눈을 감고 한탄만 하면 소용없습니다. 見의 중요성에 대해 긴 이야기를 했으니, 이제 들여다보는 방법에 대해 이야기해보겠습니다. 보기 위해서는 투자를 해야 합니다. 시간과 애정을 아낌없이 쏟아야 해요. 누군가와 친구가 되려면 시간이 걸리는 것처럼 무엇인가를 제대로 보는 데도 시간이 걸립니다. 이렇게 긴 시간 관심을 가지고 보면 친구가 됩니다. 안도현 시인은 간장게장의 친구입니다. 도종환 시인은 담쟁이의 친구고요.

---

* 로버트 루트번스타인, 미셸 루트번스타인, 『생각의 탄생』, 박종성 옮김, 에코의서재, 2007.

물론 우리도 많이 봅니다. 책도 많이 읽고, 사과도 배도 감도 얼마든지 많이 볼 수 있죠. 그러나 정작 아무것도 보지 않고 있다고 생각합니다. 더 많이 보려고 할 뿐, 제대로 보고 있지 않아요. 헬렌 켈러가 이렇게 말했죠. 내가 대학 총장이라면 눈을 어떻게 써야 하는지에 관한 필수과목을 만들겠다고요. '당신의 눈을 사용하는 법(How to use your eyes)', 이것은 결핍이 있는 사람이 가진 지혜입니다. 우리가 보지 못하는 이유는 우리가 늘 볼 수 있기 때문이 아닐까 싶습니다. 결핍이 결핍된 세상이니까요.

헬렌 켈러는 진짜 보는 방법을 알고 있었습니다. 눈이 안 보이는데도 불구하고 말입니다. 앞이 보이지 않아도 그녀는 산에서 온갖 것을 봤어요. 자작나무와 떡갈나무, 나뭇잎의 앞뒷면, 발에 밟히는 낙엽, 자신을 스치며 지저귀던 새, 그 옆에서 흐르던 계곡 물소리. 그런데 눈이 보이는 사람들은 정작 산에서 아무것도 보지 못했다고(Nothing in particular) 했죠. 헬렌 켈러가 얼마나 기가 막혔을까요? 특별한 게 없었다니요. 자기가 느낀 그 수많은 기적 같은 것은 다 무엇이었단 말인가 생각했겠죠.

그러니까 진짜 見을 하려면 시간을 가지고 봐줘야 합니다. 그렇게 시간을 들여 천천히 바라보면 모든 것이 다 말을 걸고 있습니다. 그런데 우리는 들으려고 하지 않아요. 니코스 카잔차키스의 『그리스인 조르바』의 주인공 조르바는 배움이 크지 않지만 현명한 사람입니다. 바다가 하는 말이 궁금해서 들으려고 노력하죠.

아래는 후배가 보내온 시 구절입니다.

수많은 시간을 오지 않는 버스를 기다리며
꽃들이 햇살을 어떻게 받는지
꽃들이 어둠을 어떻게 익히는지
외면한 채 한 곳을 바라보며
고작 버스나 기다렸다는 기억에
목이 멜 것이다

— 조은, 「언젠가는」 중에서

좋죠? 언젠가 이 시 구절에 딱 맞는 장면을 만나 사진을 찍어두었습니다. 벽 틈을 비집고 줄기를 올리고 잎을 내고 꽃을 피운 들풀의 모습이었어요. 행인들이 무신경하게 못 보고 지나치는 순간, 세계는 참을성 많은 관찰자에게 그 놀라운 모습을 드러냅니다.

영화 〈아메리칸 뷰티〉에는 시커먼 비닐봉지가 굴러다니

는 장면이 나오는데요. 정말 아무것도 아닌 비닐봉지인데 이것이 무서운 포인트입니다. 비닐봉지는 특별할 게 없는 것이죠. 바람이 많이 불면 봉지에 공기가 들어가서 막 굴러다니는데, 보통 우리는 "이우, 지저분해" 하며 이렇게 '시청'하고 말죠. 그런데 샘 멘데스 감독은 거기에 음악을 붙였고, 그 모습은 춤이 됐어요. 저에게는 그 영화에서 가장 아름다운 장면이었습니다. 그런데 우리 주변에서 다 찾아볼 수 있는 장면 아닌가요? 그 영화를 본 이후 저는 한동안 비닐봉지 콤플렉스에 시달렸어요. 굴러다니는 비닐봉지만 보면 어떤 사람이 저걸 보고 또 뭘 만들어낼 텐데 싶어서 말입니다.

이것이 바로 제가 見에 대해 하고 싶은 이야기였습니다. 처음 창의력 강의를 위해 창의력이 어디에서 비롯되는 것일까 고민하다 見을 발견했고, 그 이후 저와 같은 생각을 한 수많은 사람의 이야기를 통해 확신을 얻었습니다. 그리고 지금까지도 계속해서 다른 사람들이 본 것을 배우고 스스로 들여다보면서 見을 실천하려고 노력하고 있어요. 저 자신을 돌아보면 見을 깨닫고 난 뒤 많은 변화가 있었습니다.

제 변화를 설명하기 위해 1강 〈자존〉에서 예로 들었던 『여행, 혹은 여행처럼』에 담긴 다른 이야기 하나를 말씀드릴게요. 80세에 한글을 배운, 진천에 사는 한춘자 할머니 이야기입니다. 글을 몰랐던 할머니는 신혼 때 군대에 간 남편이 보낸 편지에 답장하지 못한 것이 한으로 남아 있는데, 그 한을 풀기 위해서 한글을 배웠답니다. 그리고 함께 한글을 배운 분들이 모여서 시를 썼대요. 정혜윤 PD가 할머니에게 시를 쓰니 뭐가 달라졌느냐고 묻자 한춘자 할머니가 답하길, 이제 들국화 냄새도 맡아보고 돌멩이도 들춰보게 됐답니다. 이를테면 이전에는 안 보이던 꽃이 보이게 된 겁니다. 애정을 가지고 보기 시작했거든요. 여든까지 보지 못하던 꽃을 보게 돼서, 시를 쓸 수 있어서 할머니는 행복해 보였습니다.

저는 우리가 왜 인문을 공부해야 하는지에 대해 이렇게 명쾌하게 대답해주는 사람을 만나보지 못했습니다. 어떤 학자도 저에게 이렇게 말해주지 못했어요.

낯설게 보기의 기적

見, 이 단어로 먹고살았다고 했지만 그것뿐만이 아닙니다. 見을 통해 그전까지 볼 수 없었던 것들이 눈에 들어오기 시작하면서 행복한 순간이 늘어났습니다. 안 보이던 게 보이니 나이 드는 것도 좋아졌어요. 바람도 축복이고, 강물도 기적이에요. 반나절 만에 꽃을 피워 올린 매화 봉오리를 봤을 때, 정방형으로 올라오다가 기어코 흰색 꽃이 올라오고 그러다 주황색이 보이고, 그러다 향이 가득한 나리꽃이 등장하는 걸 봤을 때, 란타나라는 작은 꽃이 일곱 가지 색을 가지고 아침, 점심마다 제 빛깔을 바꿔나가는 걸 봤을 때 행복합니다. 하나하나가 다 황홀한 순간입니다.

이 기적을 뒤늦게 발견해 아쉽지만 다행스러운 건 조금씩 보는 눈이 커지고 볼 수 있는 게 늘어난다는 겁니다. 간장게장을, 담쟁이를, 목련과 매화를 깊이 보는 시인과 소설가의 경지에 오르기는 앞으로도 쉽지 않겠지만 형형색색 오묘하고 아름다운 것들이 있는 세상에 내가 살고 있다는 게 큰 희열로 느껴질 정도로 풍요로운 인생을 살고 싶습니다.

시를 쓰든 말든, 광고를 하든 말든, 창의적으로 되든 말든 '보는 것'은 정말 중요합니다. 제대로 볼 수 있는 게 곧 풍요이니까요. 그래서 '인문'이라는 단어는 법학, 의학, 과학, 물리학에 다 필요한 거예요. 이런 게 있어야 행복하게 살 수가 있습니다. 우리가 보배롭게 봐야 하는 것은 아무것도 아닌 것을 보는 힘입니다.

아무것도 아닌 것이 아무것인 게 인생이더라.

여러분보다 조금 더 산 저의 덕담이라고 생각해주세요. 아무것도 아닌 것들이 아무것이고, 아무것이라고 생각했던 건 아무것도 아닙니다. 아무것도 아닌 것을 주목할 필요가 있어요.

살다 보면 왜 그 순간이 기억나는지 모르겠는데 기억나는 순간이 있고, 중요하다고 생각했던 순간은 별로 중요하지 않게 되는 경우가 많습니다. 그래서 저는 김춘수 시인의 시 「꽃」은 순간에 적용되어야 한다고 생각해요. 시에서 "내가 그의 이름을 불러주었을 때 그는 나에게로 와서 꽃이 되었다"라고 했는데, 순간도 마찬가지입니다. 어떤 순간에 내가 의미를 부여해주어야 그 순간이 내게 의미 있게 다가옵니다. 그래서 내가 경험하는 어떤 순간에 스스로 의미를 부여하면 내 삶은 의미 있는 순간의 합이 되고, 의미를 부여하지 않으면 내 삶은 의미 없는 순간의 합이 됩니다.

제가 『책은 도끼다』를 썼던 가장 큰 이유도 그와 같은 맥락이었습니다. 주변에 좋은 것은 많은데 좋은 것을 보는 눈이 없었어요. 제가 무엇을 창출하겠습니까? 저는 다만 제 주변에 널린 수많은 좋은 텍스트를 찾아낸 눈을 공유하고 싶었습니다. 딱 거기까지였죠. 좋은 것이 이렇게 많은데 보는 눈이 없으니 텍스트를 중심으로 뷰을 이야기한 것이 『책은 도끼다』

아무것도
아닌것이
아무것앤기
인생

아무것도 아닌 것이
아무것인 게 인생.

였다면, 이번에는 책뿐만이 아니라 우리의 삶에도 매 순간 기적이 일어난다는 걸 이야기하고 싶었습니다.

다만 이 기적을 발견하기 위해서는 예민한 촉수가 있어야 합니다. 예민한 사람들은 안도현 시인의 「스며드는 것」을 읽고 울죠. 울 수 있는 사람이 덤덤한 사람보다 풍요로운 삶을 살 거라는 데 저는 완전한 한 표를 던집니다. 네 명이 술을 마실 때 그냥 마시는 사람과, "창밖 좀 봐. 가을비가 내린다" 하는 사람의 삶에는 차이가 있습니다. 그러니 순간을 온전히 살려면 촉수를 예민하게 만드세요. 그래서 다섯 개의 촉각을 가진 동물이 되는 걸 목표로 삼으세요. 『그리스인 조르바』를 쓴 니코스 카잔차키스처럼.

見. 깊이 본다는 것은 사실 시간을 들여야 하는 것을 넘어 낯설게 봐야 하는 일입니다. 지난 시간에 말씀드렸던 첨성대 에피소드 기억나시나요? 천천히 낯설게 봐야 진짜 볼 수 있습니다. 다시 니코스 카잔차키스로 가면 익숙함을 두려워해야 합니다. 김훈처럼 수박을 보고 깜짝 놀라야 해요. 예전에 쓰던 명함에 새겼던 'Surprise me(나를 놀라게 해)!'는 그런 의미를 담은 말이었습니다. 놀라는 것이 능력이라고 생각합니다. 놀란다는 건 감정이입이 됐다는 것이고 다른 사람보다 더 어떤 현상을 뇌리에 깊이 박으면서 경험하는 거죠. 기억하는 가장 좋은 방법은 감동 받는 것이라고 말씀드렸었죠? 같은 걸 보고 127번째 셀에 집어넣는 사람이 있고 흘려보내는 사람이 있을 때, 본 것을 127번째 셀에 집어넣는 사람이 두 가지 측면에서 좋아요. 첫째, 더 창의적이고, 둘째, 더 행복하죠.

見의 중요성을 딸에게 자주 이야기했었는데 딸아이는 지겹다고 했어요. 'Be Yourself'도 들을 만큼 들었다고 했죠. 딸아이에게는 새로운 게 없어서 그렇습니다. 아이의 반응에 앙드레 지드처럼 강하게 대답하고 싶었습니다. "온 세상이 태어나는 것처럼 일출을 보고 온 세상이 무너지듯 일몰을 봐!"[*]라고요. 하지만 거창하게 이야기했다가 핀잔만 더 들을 것 같아서 이렇게 이야기해주었습니다. "여행을 생활처럼 하고 생활을 여행처럼 해 봐"라고요. 다행히 이 말에는 눈을 빛내고 궁금해하더라고요. 그래서 덧붙여 설명해주었습니다.

"여행지에서 랜드마크만 찾아가서 보지 말고 내키면 동네 카페에서 동네 사람들과 사는 이야기도 하고 벼룩시장에 가서 구경도 하면서 거기 사는 사람처럼 여행하는 거야. 그게

---

[*] 앙드레 지드가 쓴 『지상의 양식』(민음사, 2007)의 "저녁을 바라볼 때는 마치 하루가 거기서 죽어가듯이 바라보라. 그리고 아침을 바라볼 때는 마치 만물이 거기서 태어나듯이 바라보라"라는 문장에서 온 말이다.

더 멋져. 그리고 생활은 여행처럼 해. 이 도시를 네가 3일만 있다가 떠날 곳이라고 생각해. 그리고 갔다가 다신 안 돌아온다고 생각해 봐. 파리가 아름다운 이유는 거기에서 며칠밖에 못 머물기 때문이야. 마음의 문제야. 그러니까 생활할 때 여행처럼 해."

어떤가요? 고개를 끄덕이게 되시는지요? 여행처럼 생활할 수 있다면 정말 매 순간이 소중하고 아까울 겁니다.

〈사랑을 부르는, 파리〉라는 옴니버스 영화가 있습니다. 옴니버스이니 주인공이 많은데 이 영화의 마지막 장면이 뭐냐 하면, 해당 에피소드의 주인공인 남자가 병원으로부터 전화를 받는 장면입니다. 병원에서 말하죠. 살기 위해서는 수술을 받아야 하고, 그 수술은 50%의 확률로 성공할 수 있다고요. 자, 이 남자에게 감정이입을 한번 해볼까요?

지금 이 강의가 끝나고 택시를 타고 병원에 갈 거예요. 절반의 확률로 저는 다시 이 거리로 돌아오지 못할지도 몰라요. 어떤 기분일까요? 그저 살 수만 있으면 좋을 거예요. 무심히 길을 걷고, 퇴근하는 인파에 치여 버스를 타고, 별일 아닌 것으로 언성을 높이는 사람들의 모든 순간이 다 부러울 겁니다. 이런 마음으로 일상을 봐야 합니다. 3일 후면 떠날 여행지를 대하듯이, 50%의 확률로 다시 볼 수 없는 거리를 거닐듯이, 그렇게 말입니다.

단, 보는 것이 매우 중요하지만 그 이상으로 중요한 것은 너무 많은 것을 보려 하지 않는 겁니다. 요즘 같은 시대에는 특히 욕심을 부려서 볼 필요가 없습니다. 이미 우리의 삶은 쫓기듯이 정신없이 돌아가고 있으니까요. 도망가느라, 뛰느라 주변을 돌아볼 여유가 없죠. 그런데 조금만 생각해보면 쫓길 이유가 전혀 없습니다. 그저 우리의 삶, 나의 삶을 살면 되니까요.

호학심사(好學深思). '즐거이 배우고 깊이 생각하라'라는 말입니다. 이 말에서 더욱 깊이 새겨야 할 것은 '심사(深思)'입니다. 너무 많이 보려고 하지 말고, 본 것을 소화하려고 노력했으면 합니다. 피천득 선생이 딸에게 이른 말처럼 천천히 먹고, 천천히 걷고, 천천히 말하는 삶을 살았으면 해요.* 어느 책에서 "참된 지혜는 모든 것들을 다 해보는 데서 오는 게 아니라 개별적인 것들의 본질을 이해하려고 끝까지 탐구하면서 생겨나는 것이다"라는 문장을 읽었습니다. 이런 태도가 지금

---

* 피천득 시인의 수필집 『인연』(민음사, 2018)에 실린, 딸 서영에게 보내는 편지의 내용이다. 시인은 이 편지에서 딸에게 "밥은 천천히 먹고 길은 천천히 걷고 말은 천천히 하고 네 책상 위에 '천천히'라고 붙여라"라고 써두었다.

의 우리에게 정말 필요한 것 같습니다. 이런 태도로 산다면 길거리의 풀 한 포기에서 우주를 발견하고, 아무 생각 없이 먹는 간장게장에서 새로운 세상을 볼 수 있습니다. 깊이 들여다본 순간들이 모여 찬란한 삶을 이룰 겁니다.

현재

現在

개처럼 살자

벌써 다섯 번째 강의입니다. 돌아보니 매우 마음에 든 강의도 있고, 만족스럽지 못한 강의도 있었던 것 같습니다. 어느 날은 마치고 돌아가면서 흐뭇하고 또 어느 날은 머리를 쥐어박기도 합니다. 언제나 모든 일에 완벽하면 좋겠지만, 이렇게 기복이 있는 것이 사람 사는 모습이겠죠. 잘할 때도 있고 못할 때도 있고, 머리를 쥐어박을 때도 있고 콧노래를 부를 때도 있고요. 이렇게 이쪽저쪽 오가면서 점차 나아지기를 바랍니다. 첫 강의에서 말씀드렸던 자존을 잠깐 생각해볼게요. 어느 누가 완벽하겠습니까? 완벽을 위해 최선을 다할 뿐이지요.

저도 완벽하지 않지만 광고 크리에이티브 디렉터라는 직업, 인문을 이야기하는 책을 냈다는 등의 이유로 강의를 자주 하게 되는 편입니다. 그중에서도 지방에서 강의 요청을 받으면 특별한 일이 없는 한 가려고 합니다. 언젠가 울산에서 금요일, 토요일 이틀에 걸쳐 두 번의 강의를 마치고 식사를 하는데, 그 자리에 계시던 한 분이 "서울에만 사람 사는 게 아니거든예"라고 말씀하셨습니다. 저는 그 말에 동의합니다. 그래서 가능한 한 서울이 아닌 곳을 우선순위에 두려고 합니다. 서울에 사는 분들은 저보다 훌륭한 분들의 강의를 자주 들을 수 있으니 그렇게 아쉽지는 않을 겁니다.

'현재'를 이야기하기 전에 이 주제와 연관된 에피소드 하나를 들려드릴까 합니다. 한때 멘토 열풍을 불러일으켰던 '청춘 콘서트'라는 게 있었습니다. 그 당시 박경철, 안철수 씨가 기획한 콘서트였고 여름 석 달 동안 전국을 돌며 젊은 사람들을 대상으로 한 행사였어요. 저와 안면이 있던 박경철 씨로부터 한 번 와줄 수 있겠냐는 제안을 받았고 저는 흔쾌히 가겠다고 했습니다. 도시 몇 곳 중 원주를 선택했고, 제 강연은 두 달쯤 후였어요. 그런데 갑자기 강연 2주 전에 일이 떨어졌습니다. 경쟁 프레젠테이션 날짜도 잡혔고요. 강연 바로 다음 날 아침 9시 30분이었습니다. 고민하지 않을 수 없었어요. 하지만 결국 원주에 가기로 했습니다. 약속했던 일이었고 그 약속을 쉽게 저버릴 수는 없었습니다.

강연 당일, 강연장에 들어서니 계단까지 빽빽하게 들어

찬 수천 명의 청춘이 수천 개의 눈동자를 빛내며 저를 바라보고 있었습니다. 진행을 맡은 박경철, 안철수 씨가 저를 소개하며 내일 큰 프레젠테이션이 있는데도 불구하고 여러분을 위해 오셨다며 이야기했습니다. 그 뒤에 "프레젠테이션은 생업과 연관된 일인데 불안하지 않습니까?" 하고 질문을 하더군요. 그때 제가 했던 대답입니다.

"불안하지 않습니다. 지금 제 답은 여기 있는 수천 명의 눈동자입니다. 혹시 불안하더라도 어쩌겠습니까? 타임머신을 타고 다시 돌아갈 수는 없지 않습니까? 제가 불안해한다고 일이 잘 진행될까요? 그럴 리도 없고 만약 그런다면 제 불안만 드러나겠죠. 그리고 지금 이 앞에 있는 수천 명의 눈동자에 제가 주는 인상만 약해질 뿐이지요."

진심이었어요. 어떤 선택을 하든 간에 선택하고 나면 답은 그 자리에 있습니다. 아니면 없습니다. 원주에 가서 회사 일을 생각하면서 불안해했다고 칩시다. 타임머신을 타고 원주로 떠나오기 전으로 돌아갈 수도 없고, 제가 불안해한다고 해서 서울에서의 일이 잘 진행되리라는 보장도 없습니다. 그저 수천 명 앞에 제 불안을 드러내기만 하겠죠. 정 불안했다면 서울을 떠나지 말았어야 합니다. 원주에 가지 않는 것을 선택해야 했어요. 그러나 이미 가기로 선택했다면 뒤돌아보지 말아야 합니다. 이것이 바로 오늘 이야기할 '현재'입니다

답은 내 앞에 있다

박경철 씨와는 TV 프로그램 진행자와 게스트로 처음 만났습니다. 그분이 인터뷰어고 제가 인터뷰이였는데, 그때 마지막 질문이 "박 CD님은 계획이 뭡니까?"였습니다. 저는 "없습니다. 개처럼 삽니다"라고 대답했어요. 부연 설명을 부탁하길래 "개는 밥을 먹으면서 어제의 공놀이를 후회하지 않고 잠을 자면서 내일의 꼬리치기를 미리 걱정하지 않습니다. 그렇게 살고 싶습니다"라고 덧붙였죠.

저도 개와 함께 살아봐서 잘 압니다. 오랫동안 함께하다 떠나보낸, 이제는 딸아이가 그린 초상화 한 장으로 기억하는 개가 있는데요. 그 개를 키울 때 퇴근하고 집에 가면 가장 먼저 했던 일이 가방을 내려놓고 안경과 모자를 벗고 침대에 눕는 거였습니다. 제가 집에 돌아오면 그 개가 5분은 제 얼굴을 핥고 나서야 짖기를 멈췄기 때문이었습니다. 그런데 그때 보

면 핥는 일이 자신이 할 수 있는 유일한 일인 것처럼 최선을 다해요. 그리고 밥을 주면 밥을 처음 먹어보는 것처럼 먹죠. 잠잘 때도 '아까 주인이 왔을 때 좀 더 신나게 꼬리를 칠 걸 그랬나?' 같은 고민은 추호도 없이 그냥 잡니다. 공놀이를 할 때는 그 공이 우주예요. 그 순간순간, 하나하나를 온전하게 즐기면서 집중하죠.

밀란 쿤데라도 똑같은 걸 느꼈는데,『참을 수 없는 존재의 가벼움』에서 '카레닌'이라는 개에 관해 이야기하면서 개들은 원형의 시간을 살고 있고, 행복은 원형의 시간 속에 있다고 말합니다. 여러분, 직선의 시간 속에서는 행복을 알 수 없습니다. 길을 지나다가 평생 찾던 그 사람을 만날지 모르는 일입니다. 어떻게 알겠습니까? 안다면 행복을 준비하겠죠. 이렇듯 직선의 시간에서는 행복을 정확히 알 수 없어요. 예측할 수 없습니다. 하지만 개는 원형의 시간을 살아요. 그래서 늘 행복합니다. 밀란 쿤데라는 카레닌에 대해 이런 이야기도 합니다. 이 개에게는 자다가 깨어나는 시간도 행복이었다고요. 자다 깨어나 자기가 아직도 이 세상에 있다는 사실을 깨닫고 그 사실에 진심으로 놀라고 즐거워 한다고 말입니다.

실제로 개들은 잘 때 죽은 듯 잡니다. 눈을 뜨면 해가 떠 있는 사실에 놀라요. 밥 먹을 때는 '세상에나! 나에게 밥이 있다니!' 하고 먹습니다. 산책할 때는 온 세상을 다 가진 듯이 뛰어다니고 집에 돌아오면 다시 잡니다. 그리고 다시 눈을 뜨죠. 그리고는 '우와, 해가 떠 있어!' 또 놀라는 겁니다. 그 원형의 시간 속에서 행복을 봅니다. 순간에 집중하면서 사는 개. 개처럼 살자. 'Seize the moment, Carpe diem(순간을 잡아라, 현재를 즐겨라)'의 박웅현식 표현이자, 제 삶의 목표입니다.

Seize the moment, Carpe diem. 이 말은 순간의 쾌락을 즐기라는 말이 아니라 순간에 최선을 다하라는 뜻입니다. 아마도 어떤 사람들은 순간의 쾌락을 즐기라고 해석하고 싶을 겁니다. 인생 뭐 있어? 오늘도 클럽 내일도 클럽, 오늘도 섹스 내일도 섹스, 그랬으면 좋겠죠. 하지만 그게 아니라 지금 당신이 있는 이 순간에 최선을 다해서 살라는 이야기입니다. 이 순간의 보배로움을 알아라. Seize the moment, Carpe diem. '개처럼 살자'입니다.

다른 책에서도 찾아볼 수 있는 이야기입니다. 한형조의 『붓다의 치명적 농담』을 보면 어느 선사에게 누가 묻습니다.

"스님도 도를 닦고 있습니까?"

"닦고 있지."

"어떻게 하시는데요?"

"배고프면 먹고, 피곤하면 잔다."

"에이, 그거야 아무나 하는 것 아닙니까? 도 닦는 게 그런 거라면, 아무나 도를 닦고 있다고 하겠군요."

"그렇지 않아, 그들은 밥 먹을 때 밥은 안 먹고 이런저런 잡생각을 하고 있고, 잠잘 때 잠은 안 자고 이런 걱정에 시달리고 있지."[*]

현재에 집중하라는 말입니다. 밥 먹을 때 걱정하지 말고 밥만 먹고, 잠잘 때 계획 세우지 말고 잠만 자라는 거죠. 이 삶의 지혜는 동서양을 막론하고 마찬가지입니다. 오스카 와일드의 『도리언 그레이의 초상』에서도 헨리 경이 도리언 그레이에게 "자넨 정말 멋진 인생을 누려왔어! 자넨 모든 것을 깊이 들이마셨지. 자네는 포도알을 입안에 넣고 으깨어 그 즙을 다 마신 게야."[**]라고 말하는데요. 순간을 포도알로 본 겁니다. 이 순간을, 이 포도알을 먹으면서 어제 일을 걱정하고 있다면 단물만 빨아먹고 버리는 거예요. 그런데 개처럼 집중하

---

[*] 한형조, 『붓다의 치명적 농담』, 문학동네, 2011.

[**] 오스카 와일드, 『도리언 그레이의 초상』, 김진석 옮김, 펭귄클래식코리아, 2008.

면 단물도 빨아먹고, 껍질의 신맛, 씨앗이 씹히는 맛을 보고 서로 다른 식감도 느끼면서 그 순간을 온전히 즐기는 거죠. 마치 개처럼요. 순간을 산다는 건 대단히 중요한 일입니다.

만물개비어아의(萬物皆備於我矣)

반신이성낙막대언(反身而誠樂莫大焉)

『맹자』에 나오는 구절입니다. 해석해보면 이런 의미입니다. '만물의 이치가 모두 나에게 갖추어져 있으니, 나를 돌아보고 지금 하는 일에 성의를 다한다면 그 즐거움이 더없이 클 것이다.' 『맹자』를 완독한 적도 없는 제가 아는 척할 수 있는 작은 지식이지만 제게 선명한 도끼의 흔적을 남긴 구절입니다. 다시 한번 화엄 창천을 날아다니는 수개미가 되겠네요.

군에서 제대하고 동양철학에 관심이 생겨서 여름방학 때 『맹자』 강독 수업을 들었습니다. 정말 더운 날이었고 강의실에 에어컨도 없어서 창문을 열어놓고 손으로 옷을 펄럭이고 부채를 부치면서 들었던 강의였습니다. 한문학과 학생들이 아니면 듣지 않는 강의에 신문방송학과 학생이 와 있는 게 신기했는지 다들 왜 왔냐고 물었던 기억이 있습니다. 역시 한문학과 학생이 아니어서인지 강의 대부분을 잊었고 위의 한 구절만 아주 강하게 남아 있습니다.

〈見〉강의 때 말씀드린 것을 기억하십니까? 제가 냈던 아이디어는 전부 제 경험에서 얻었다는 이야기 말입니다. 주변에 다 준비되어 있었던 것이죠. 말하자면 넘어진 아이를 일으켜 세우려고 했던 행동을 돌아보고, 그 행동이 왜 일어났는지 성의를 다해 생각해보면 아이디어가 나온다는 겁니다. 그것을 깨닫고 다시 생각해보니 '만물개비어아의 반신이성낙막대언' 이 구절은 정말 대단한 문장이었습니다.

원주에서 열렸던 청춘 콘서트에서 불안하지 않았던 것은 이 깨달음을 얻고 난 후였기 때문이었습니다. 원주에 간 이상 그곳에 있는 수천 명의 눈동자가 저에게는 준비된 만물이었습니다. 제가 손오공처럼 머리카락을 뽑아서 제 분신을 만들어 서울로 보낼 수는 없지 않습니까? 이것은 명백한 사실이죠. 다른 방법은 없습니다. 저는 그때 물리적으로 그 공간에 있었고, 거기에서 집중해야 했습니다. 그런데 제가 '내일 프레젠테이션 해야 하는데 강연이 10시에 끝나고, 가서 준비하려면 시간이 빠듯하네. 시놉시스는 어떻게 만들지?' 이런 걱정을 하면 그 자리에 와 있는 사람들에게 온전히 집중하지 못하고 성의를 다하고 있지 않은 거죠. 그렇게 하면 좋을 게 없습니다.

거센 흔들림을 지나 불혹으로

마흔의 박웅현의 이야기를 해드릴까요? 우리는 마흔을 '불혹'이라고 하잖아요? 불혹(不惑), 흔들림이 없다는 뜻입니다. 마흔이 되기 전에는 실제로 그 나이가 되면 정말 흔들리지 않을까 궁금했어요. 그래서 마흔이 되면 서머싯 몸의 『달과 6펜스』를 다시 읽겠다고 다짐했죠. 이 소설은 폴 고갱을 모델로 한 화가가 주인공인데, 그는 마흔의 나이에 가정과 사회생활을 정리하고 홀로 섬에 들어가 그림을 그리기 시작합니다. 저는 20대에 이 책을 읽으면서 마흔을 마지막으로 봤습니다. 마흔에 인생의 다른 문을 열지 않으면 그때부터는 책임에 대한 중압감에 더는 움직일 수 없을 것 같았습니다. 그래서 마흔이 되면 이 책을 다시 읽어봐야겠다고 생각한 겁니다.

그리고 정말 마흔에 『달과 6펜스』를 다시 읽었어요. 그런데 마지막 장을 덮으면서 아이러니하게도 나는 다른 선택은 못 하겠다고 결론을 내렸습니다. 마침 그 책을 읽고 있던 때 가족과 함께 미사리 조정경기장 잔디밭에 있었는데, 열 살 딸아이가 자전거를 타고 있었고, 앞에서 말한 제 얼굴을 핥던 그 개가 딸아이가 탄 자전거를 쫓아다니고 있었어요. 행복한 가정의 전형적인 모습이죠. 책을 덮고 그 모습을 보면서 생각했습니다. '이거 버릴 수 있어? 옆에 앉아 있는 아내와 자전거를 타고 있는 딸, 저 개와 함께하는 이 생활을 버릴 수 있어? 이걸 다 버리고 마다가스카르로 갈 수 있어?'

갈 수 있었겠어요? 못 가죠. 명백하게 못 가는 거예요. 하지만 사람인데 미련이 안 남았겠어요? 폴 고갱 같은 의미 있는 삶이 있을 텐데, 나도 뭔가를 누리고 싶은데, 그냥 이렇게 살면 평범해질 것 같은데, 이런 아쉬움이 왜 없었겠습니까.

마흔의 저는 서른 평 아파트에 아내와 딸과 함께 사는 제일기획 국장이었습니다. 그 당시 저는 인생이 거기에 없는 것 같았어요. 대학교 시절의 같은 과 친구는 MBC에 입사해 유명 프로그램을 만드는 PD가 되어 있었고, 군대 선임은 사법고시에 합격해 판사가 됐고, 한 후배는 호주에 이민 가서 바비큐를 굽고 요트를 만들며 산다고 하더군요. 나이 마흔이면 이 정도는 살아야 하지 않아? 뭘 그렇게까지 하고 살아? 여기저기에서 제 인생을 흔들었습니다. 누구는 저에게 주재원을 나가야 한다고 하고, 누군가는 지리산에 가서 혼자 살아보라고 했습니다.

그 당시 저는 제 삶을 제외한 다른 모든 삶이 멋져 보였습니다. 서른 평 아파트에서 5시에 일어나 출근했다가 풀리지 않는 일 때문에 스트레스를 받고 퇴근해 소주 한잔 마시고 집으로 가는 삶이 맞는 건가 싶었어요. 내 인생을 이렇게 살아도 되는 건가 늘 고민했죠. 저의 마흔은 그렇게 흔들림으로 가득 차 있었습니다. 그러니 불혹이 어떻게 오겠습니까? 흔들리지 않는 삶이 어떻게 왔겠어요. 다 바깥에 답이 있고 나에게는 답이 없는데요. 이민을 갔어야 했나, 판사나 방송국 PD가 됐어야 했나, 온갖 생각이 다 드는 만혹(滿惑)의 시기였습니다.

불혹은 그 만혹의 시기로부터 꼭 10년 후에 찾아왔습니다. 제 나이 오십에 드디어 불혹을 맞은 것이죠. 그때부터 크게 흔들리지 않더군요. 제 인생을 인정하고 긍정하기 시작했어요. 단, 여기에서 흔들리지 않는다는 것은 다른 삶을 부정한다는 게 아닙니다. 그 삶도 긍정하고 내 삶도 긍정한다는 말입니다. '호주에 가서 바비큐 하는 삶 멋지지. 잘나가는 프로그램의 PD도 정말 멋지고 판사도 좋아 보여. 지리산에서 사는 삶도 괜찮은 것 같아. 하지만 동시에 나도 괜찮아. 아파트에 살고 딸 하나 키우면서 열심히 사는 게 답은 아니라고 누가 그랬어? 이것도 답이야'라는 생각이 불현듯 들었어요. 비로소 나의 현재에 대한 존중이 생긴 겁니다.

내 답이 옳다

다른 이의 답은 내 답이 될 수 없다는 사실을 인정하는 것. 현재에 집중해야 하는 가장 큰 이유입니다. 결국 이것은 '자존'과 연결됩니다. 그렇다면 그 당시 제 상황이 완벽했을까요? 딸을 하나만 낳은 것, 이 직업을 선택한 것, 원주에 가기로 한 것은 제가 잘못 선택한 것인지도 모릅니다. 그 경쟁 프레젠테이션의 결과가 어떻게 됐는지를 생각했다면 원주에 가는 선택을 하지 말았어야 했는지도 몰라요. 진짜 멋지게 살기 위해서는 호주로 이민 가는 걸 선택해야 했는지도 모르고요. 그러니까 결국 늘 불완전한 선택을 한 겁니다.

조금만 더 생각해봅시다. 제가 원주에 가지 않고 서울에 남았어요. 그럼 서울에 남는 것이 답이라는 확신이 있었을까요? 약속을 지키지 못했다는 자괴감을 안고 무거운 마음으로 프레젠테이션을 준비했을 거예요. 호주에 이민을 갔어요. 그곳에 산다고 해서 매일 요트를 타고 바비큐만 구울까요? 그렇지도 않을 것이고 무엇보다 외로울 겁니다. 강남역 앞에서 사람들과 복닥거리면서 마시던 술 한잔이 그리울 거예요. 완벽한 선택이란 없습니다. 절대 옳은 선택은 없는 겁니다. 선택하고 옳게 만드는 과정이 있을 뿐입니다.

고맙게도 많은 후배가 저를 믿고 인생 고민을 털어놓고는 합니다. 이 사람과 결혼할까요? 하지 말까요? 유학할까요? 회사를 더 다닐까요? 그런데 가만히 들어보면 마치 둘 중 하나가 정답인 깃처럼 물어요. 이럴 때 저는 답을 말해주지 못합니다. 정답이라는 건 없으니까요. 그 남자와 결혼하는 게 정답이 될 수도 있고 오답이 될 수도 있습니다. 지금 회사를 그만두고 유학을 떠나는 게 정답이 될 수도 있고 오답이 될 수도 있어요. 모든 선택에는 정답과 오답이 공존합니다. 그러니 어떤 것이 옳은 것인지 고민만 하지 말고 선택해봤으면 합니다. 그리고 그 선택을 옳게 만드는 겁니다.

팁을 하나 드릴게요. 어떤 선택을 하고 그걸 옳게 만드는 과정에서 제일 중요한 것은 바로 '돌아보지 않는 자세'입니다. 만약 한 남자와 결혼했어요. 그래 놓고 다른 남자가 더 좋았을지도 몰라, 결혼하지 않고 혼자 살았다면 어땠을까? 이런 생각을 하면 별것 아닌 일로 부부싸움이 시작되겠죠. 그건 미련한 짓이잖아요? 유학 생활을 하면서 회사에 있었으면 이 고생 안 할 텐데, 하고 후회하는 것 역시 마찬가지입니다. 그러니까 어느 하나를 선택하고, 그 선택을 옳게 만들려면 지금의 상황에서 무엇이 최선인지 생각하고 실천하는 게 제일 좋은 답이에요.

나는 지금 내가 차지하고 있는 이 공간적 지점에, 시간 속의 이 정확한 순간에 자리를 잡고 있다. 나는 이 지점이 결정적이지 않은 것을 허락할 수 없다.[*]

『지상의 양식』의 한 구절입니다. 이 문장의 의미는 이런 겁니다. 저는 현재 강남역 어느 세미나실에 있고 이 순간을 살고 있습니다. 만약 여기에서 마다가스카르나 그랜드 캐니언을 꿈꾼다면 그것은 제가 서 있는 이 공간을 무시하는 겁니다. 이 지점이 결정적이지 않은 것을 허락할 수 없다는 말은 결국 지금, 이 순간이 나에게 결정적이지 않은 것을 허락할 수 없다는 말입니다. 앙드레 지드는 "결국 삶이란 현재 순간들의 지속적인 일어남"이라고 했습니다. 그리고 "하루의 매 순간 신을 송두리째 다 가질 수 있음을 잊지 말라"라고 못을 박죠. 매 순간 신은 바로 여기에 있고 전부 내 차지가 될 수 있습니다. 앙드레 지드가 말한 "그대의 온 행복을 순간 속에서 찾아라"만 실천한다면요.

그가 『지상의 양식』에서 말한 순간에 대한, 현재에 대한 다른 이야기도 들어볼까요?

---

[*] 앙드레 지드, 『지상의 양식』, 김화영 옮김, 민음사, 2007.

- 나는 나의 모든 재산을 내 속에 지녔다.

- 결코 미래 속에서 과거를 다시 찾으려 하지 말라.

- 모든 행복은 우연히 마주치는 것.

- 우리는 순간에 찍히는 사진과 같은 생을 벗어나면 아무
  것도 아니다.

- 우리 생의 각 순간은 본질적으로 다른 것과 바뀔질 수
  없는 것이니 말이다. 때로는 오직 그 순간에만 마음을
  기울일 줄 알아야 한다.[*]

사르트르도 이런 말을 한 적이 있습니다 "소설가는 잘 짜인 이야기보다 그 하나하나가 관능적 기쁨인, 저 내일 없는 작은 조각들의 광채를 좋아하는 것이다."[**] 저는 그의 말을 이렇게 이해합니다. 인생이란 잘 짜인 이야기라기보다 하나하나가 관능적 기쁨인, 내일 없는 작은 조각들의 광채라고요.

우리는 순간을 예측할 수 없습니다. 어떤 순간이 보배로운 순간인지 모릅니다. 그러니 그 순간을 우리가 보배롭게 보면 됩니다. '후회는 또 다른 잘못의 시작일 뿐'이라고 나폴레

---

[*] 앞의 책.
[**] 알베르 카뮈, 『이방인』, 책세상, 2008.

옹이 말했다고 합니다. 앞서 말씀드렸지만, 원주에 가놓고 후회하면 뭐가 달라지겠습니까? 또 다른 잘못의 시작일 뿐입니다. 선택한 이상 그것이 내가 지금 가지고 있는 결정적인 순간, 현재입니다.

> 살아 있다는 그 단순한 놀라움과 존재한다는 그 황홀함에 취하여***

제가 좋아하는 김화영 선생의 글입니다. 살아 있다는 이 놀라운 사실을 우리는 몰라요. 죽기 직전에야 압니다. 지금 살아 있다는 놀라움, 존재하는 황홀함. 이 순간에 취해 있어야 합니다.

『책은 도끼다』가 출간되고 한 라디오 프로그램에서 인문학 관련 고정 코너를 진행했던 적이 있습니다. 한번은 청취자로부터 "인문학을 하면 밥이 나오나요?"라는 짓궂은 질문을 받았어요. 잠깐 생각하다가 이렇게 답했습니다. "인문학을 해서 밥이 나오는 경우도 있고 그렇지 않은 경우도 있습니다. 그런데 한 가지 분명한 사실은 인문학을 하면 밥이 맛있어집니

***김화영, 『김화영의 알제리 기행』, 마음산책, 2006.

다"라고요.

이건 경험에서 나온 이야기인데요. 어느 날 아침에 수영을 다녀와서 밥을 먹는데 스마트폰으로 신문 기사를 읽고 있었어요. 아내가 옛날에는 신문 보면서 밥을 먹더니 이제는 휴대폰이냐며, 기껏 차려줬는데 제대로 먹지 않는다고 하더군요. 아내의 말을 듣는 둥 마는 둥, 밥을 먹는 둥 마는 둥 하며 기사 몇 개만 더 보겠다고 말해놓고는 문득 이러지 말자 싶었습니다. 그래서 휴대폰을 내려놓고 된장찌개를 떠서 입에 넣었는데 좀 전에 먹었던 찌개와 맛이 전혀 달라요. 밥 한 숟가락을 입 안에 넣었더니 쌀알 하나하나 터지는 느낌이 얼마나 좋은지 몰라요. 그날 아침 식사에서 저는 된장찌개를, 밥과 반찬의 진짜 맛을 온전히 즐길 수 있었습니다. 개처럼 먹었죠. 먹는 것에만 집중하면서요. 똑같은 순간인데 휴대폰을 보면서 먹을 때와 밥에 집중해서 먹을 때 그 맛이 전혀 다릅니다. 법정 스님이 말씀하신 것처럼 풍부하게 소유하는 게 아니고 풍요롭게 존재하는 거예요. 그날 아침은 어떤 순간보다 풍요로웠습니다.

『생각의 탄생』에 나온 말을 빌리자면 '세속적인 것의 장엄함'을 깨달은 겁니다. "우리는 아이를 위해 빵에 버터를 바르고 이부자리 펴는 것이 경이로운 일임을 잊어버린다"*라고 알랭 드 보통이 이야기했던, 이불 개는 것처럼 평범한 일이 소중해지기 시작한 겁니다. 장자의 "하늘 아래 가을의 작은 나뭇잎 이상 위대한 것은 없다"라는 지혜의 말을 이해한 거예요. 이 세상에 아무리 위대한 것이 많다고 해도 지금 내 눈앞에 나타난 나뭇잎만 못하다는 지혜를 얻은 겁니다.

삶은 순간의 합이다

답이 내 앞에 있다는 사실, 현재에 있다는 사실을 알면 행복합니다. 봄이 어디에 있는지 짚신이 닳도록 돌아다녔건만 정작 봄은 우리 집 매화나무 가지에 걸려 있었다지 않습니까? 저희 집 앞 언덕길에 특별한 것 없는 가로수가 있습니다. 그야말로 아무것도 아닌 가로수입니다. 그런데 아무것도 아닌 것이 아무것인 게 인생이라고 말씀드렸었죠? 한번은 아내와 차를 타고 그 길을 내려가는데 아내가 말해요. "어? 여기 가로수도 단풍이 참 예쁘다." 그 순간 또 깨달았어요. 아, 여기에 있는 가을을 나는 왜 가을이라고 생각하지 않았을까? 왜 너

* 알랭 드 보통, 『동물원에 가기』, 정영목 옮김, 이레, 2006. (절판)

그러운 가을이 내장산에만 온다고 생각했을까? 여기에도, 내 집 앞에도 성큼 와 있었구나. 현재에 대한 존중. 내 눈앞에 있는 것에 대한 존중입니다. 결국 뭣과 일맥상통하는데, 눈앞에 마주하는 것을 그냥 흘려보내지 말고 존중해서 잘 보아야 합니다.

Verweile doch, du bist so schön!
머물러라, 너는 정말 아름답구나!

딸아이가 아이팟에 새겼던 글귀입니다. 『파우스트』의 한 구절이에요. 자신이 가지고 있는 욕망의 크기를 아는 파우스트는 자기는 결코 만족을 모를 것이라고 스스로 확신합니다. 그래서 메피스토펠레스와 내기를 하죠. 악마의 힘을 빌리는 대가로 만약 자신이 자기 삶에 만족해 "머물러라, 너는 정말 아름답구나"라고 외치면 제 영혼을 가져가도 좋다고 합니다. 딸아이에게 어떤 의미로 이 구절을 새겼냐고 물으니까, 매 순간을 이렇게 살고 싶다고 말하더군요. 올바른 삶의 태도를 가지고 있는 것 같아서 아빠로서 무척 기뻤습니다. 매 순간 머물러라 아름답구나, 할 수 있는 것은 밥이 진짜 맛있구나, 해가 뜨는 게 기적 같구나, 하면서 사는 개와 같은 삶의 태도죠.

지금 여기, 삶은 순간의 슴.

미국에서 유학 중이던 딸아이가 고등학교 2학년 때의 일입니다. 부모의 날(Parent's day)에 참석하기 위해서 회사 일을 미루고 딸아이를 만나러 갔어요. 아이는 대학을 가기 위한 과정으로 고등학교에 다니고 있던 때였고 저는 바쁜 와중에 잠깐 시간을 낸 것이었습니다. 아이와 저 누구에게도 목표가 되는 시간이 아니었죠. 인생에 있어 어떤 중요한 역이 아닌, 간이역 같은 시간이었습니다. 그런데 그때 호텔 방에 들어서면서 딸아이에게 이렇게 말했습니다.

"연아, 우리 여기가 종착역이라고 생각해보자. 나는 지금까지 살면서 너와의 이 일주일을 잘 보내기 위해 살아온 거야. 마치 내가 감옥에 있다가 이 일주일을 위해 휴가를 받아서 나온 거지. 너도 저 감옥에 있다가 휴가를 받아 나온 거고. 우리 여기 있는 동안 이 일주일을 위해 지금까지 살아왔다고 생각하고 지내자."

현재에 집중하자는 이야기였습니다. 아마 이런 경험이 지금 딸아이가 가진 삶의 태도를 만들지 않았을까 생각합니다.

저는 딸을 키우면서 아내에게 삶을 경주로 보지 말자고 이야기하고는 했습니다. 삶은 순간의 합이지 결코 경주일 수 없어요. 딸아이가 중학교 3학년이었을 때 20일 동안 유럽으로 가족 여행을 떠나자고 했더니 아내가 안 된다고 하더군요. 20일이면 학원 영어 수업, 수학 수업 몇 시간을 빠져야 하는지 아느냐고, 20일로 인해 아이가 뒤처질 수 있다고 걱정하더라고요. 아내의 말은 인생의 목표를 대학이라는 점에 찍어놓고 달린다면 맞는 말일 겁니다. 하지만 삶이 순간의 합이라는 관점에서 본다면 기억에 남을 만한 순간을 아이에게 얼마나 많이 만들어주느냐가 학원에서 보내는 20일보다 더 중요하다고 생각했어요. 그렇게 설득해서 여행을 갔는데, 그 사이 아이의 키가 4cm나 자랐더라고요. 기적이었죠. 물론 잊지 못할 좋은 기억도 많이 담아 왔고요.

여러분은 어떤가요? 삶을 달리기만 하나요?

우리나라의 많은 사람이 삶을 경주로만 봅니다. 초등학교 이전부터 레이스가 시작되죠. 학교에 들어가기 전부터 선행학습을 하고 명문 중학교에 가야 하고요. 명문 중학교에 들어간 이후에는 특목고를 향해 달립니다. 특목고에 들어가도 며칠 기뻐하고 서울대에 가기 위해 다시 행복을 유보해요. 서울대에 가면 대기업에 들어가기 위해, 부장이 되기 위해, 임원이 되기 위해, 아파트 평수를 늘리기 위해 행복을 유보합니다. 그렇게 나이 60, 70이 됩니다.

지금 이 순간, 현재에 의미를 부여하지 않으면 행복은 삶이 끝나갈 때쯤 찾게 될 겁니다. 그것도 운이 매우 좋으면요. 순간에 의미를 부여해야 합니다. 그렇지 않으면 우리의 삶은 의미 없는 순간들의 합이 될 테니까요. 만약 삶은 순간의 합이라는 말에 동의하신다면, 찬란한 순간을 잡으세요. 자신의 선택을 옳게 만드세요. 여러분의 현재를 믿으세요. 순간순간 의미를 부여하면 내 삶은 의미 있는 삶이 되는 겁니다. 순간에 이름을 붙여주고, 의미를 불어넣으면 모든 순간이 나에게 다가와 내 인생의 꽃이 되어줄 겁니다. 당신의 현재에 답이 있고, 그 답을 옳게 만들면서 산다면 김화영의 말대로 '티 없는 희열'을 매 순간 느낄 겁니다. 티 없는 희열로 빛나는 관능적인 기쁨에 들뜨는, 예외 없는 작은 조각들의 광채로 온전히 여러분의 인생이 빛나기를 바랍니다.

권위

權威

동의 되지 않는 권위에 굴복하지 말고
불합리한 권위에 복종하지 말자

우리는 왜 어떤 직함 앞에서 약해질까요? 판사, 의사, 변호사, 교수……. 우리는 왜 어떤 대학 이름 앞에서 약해질까요? 서울대, 연세대, 고려대……. 우리는 왜 어떤 회사 이름 앞에서 약해질까요? 삼성전자, 애플, 네이버……. 솔직해집시다. 누구든 한 번쯤 이런 것 앞에 약해진 자신을 발견한 적이 있을 겁니다. 오늘은 도대체 왜 '권위' 앞에 주눅 드는지 그 이유에 관해 이야기해보려고 합니다.

우리가 어떤 직군, 직함 앞에서 약해지는 큰 이유 중 하나는 '문턱 증후군' 때문이 아닐까 생각합니다. 문턱 증후군, 즉 그 문턱만 들어서면 인생이 달라진다는 믿음에서 시작되는 증상이죠. 특히 우리나라는 이 문턱 증후군이 다른 나라보다 더 강하게 작용하고 있는 것 같습니다. 어느 대학의 문턱만 넘으면, 어느 회사에 들어가면, 어느 직업을 갖게 되면 인생이 달라진다고 생각합니다. 판사가 되는 순간 인생이 바뀌고, 의사가 되는 순간 인생이 바뀔 거라고요. 문턱만 넘으면 의심 없이 인정해줘요. 교수는, 의사는 존경받을 만한 사람이라고 인정'해주는' 겁니다.

어떤 사람을 만났는데 명함을 주고받을 때 그 사람이 "청와대 다닙니다" 하면 벌써 분위기가 달라져요. 사회생활 초기에 친구 한 명이 어느 대기업 비서실에서 일을 했었습니다. 그 당시 비서실은 제일 높은 분과 가장 가까운 부서였어요. 저도 업무차 기업 비서실로 연락해야 하는 일이 종종 있었는데 전화를 걸면 비서실 특유의 고압적인 말투가 들려와요. 수화기 너머에서도 상대방을 위축되게 하는 말투였죠. 그게 참 싫었습니다. 그래서 어느 날 비서실에서 일하던 친구와 소주 한잔하면서 이야기했어요. "적어도 너는 그러지 마라. 그거 아주 밥맛이다." 그런데 그 친구가 그러더군요. "일부러 그러는 게 아니야. 이상하게 전화를 건 쪽에서 더 긴장하더라고."

우리가 너무 무조건 어떤 권위를 인정하거나 받아들이고 있는 것은 아닌가 되돌아볼 필요가 있어요. 생각해보세요. 서울대학교가 마치 전국 대학을 대표하는 양 교내 신문사 이름이 '대학신문'인 것도, 청와대를 BH(Blue House)라고 하는 것이나, 높으신 분들이나 기업 회장 이름마저 이니셜로 부르는, 이렇게 함부로 불러서는 안 될 이름처럼 취급하는 것은 이상하지 않습니까? 저는 어디에서건 꼬물꼬물 흘러나오는 그 얇은 권위 의식이 싫습니다.

문턱 증후군

판사 증후군, 대학 증후군, 이 이야기는 우리 생각 저변에 '아, 저 학교 간 사람은 다 똑똑해, 의사가 된 사람은 다 존경할 만해'라는 식의 생각이 깔려 있다는 말입니다. 이런 단순한 도식이 있을 수 있나요? 인생이 이렇게 단순한가요? 인생은, 사람은, 절대 단순하지 않아요. 판사 중에 후진 판사는 정말 후져요. 의사 중에 무식한 의사도 많습니다. 뉴스 사회면에 나오지 않습니까? 자신이 돈을 벌어다 주는데 아내가 집 열쇠, 차 열쇠, 병원 열쇠 가져오지 않았다고 아내를 때리는 의사 이야기요. 이건 무식한 사람입니다. 법조계에서 일어나는 일도 살펴보세요. 떡검, 개인사찰 등의 이슈를 다룬 기사도 많습니다. 이런 일련의 일들을 정상적이고 올바른 사람이 하는 걸까요? 이런 의사, 검사, 판사보다 평범한 직업을 가지고도 열심히, 정직하게 사는 사람들이 훨씬 멋진 게 아닐까요? 그렇지 않습니까? 멋지고 말고의 문제는 직업에 따른 것이 아닙니다. 우리도 이 정도는 다 알고 있어요.

오랫동안 광고 일을 해온 저 역시 '광고는 사기'라는 말을 많이 들었습니다. 하지만 '잘'하면 됩니다. 저는 의사도 판사도 아니고 사기꾼 소리나 듣는데 그냥 먹고살 정도로만 대충해야지, 이런 수동적인 생각으로 일하고 싶지 않았어요. 제일을 가장 멋지게 하고 싶었습니다. 어떤 일을 하느냐가 아니라 그 일을 어떻게 하느냐가 중요하니까요. 바깥의 권위에 의지할 필요가 없습니다.

어떻게 서울대 학생이 다 똑똑하겠어요? 그런데 우리는 이미 서울대 학생이라면 다 똑똑할 것으로 생각해요. 10대 후반부터 이런 시선을 받으며 어른이 된 사람들은 '스포일드 어덜트(Spoiled Adult)'가 될 가능성이 커요. 스포일드 어덜트, 타인에 대한 배려심이 없고 인성에 문제가 있는 사람을 말합니다. 위에서 말씀드린 사람 때리는 의사, 정직하지 못한 검사 등의 사례는 그런 부작용이라고 볼 수 있습니다.

제 경험을 하나 이야기해드릴게요. 의대를 졸업하고 의사가 된 조카가 있습니다. 조카가 대학생 시절에 저희 집에 놀러 오면 동네 단골집에 함께 가서 술 한잔하곤 했어요. 그래서 그 단골집 주인도 조카가 의대생이라는 걸 알고 있었죠. 그런데 다른 손님들이 오면 주인장은 꼭 이런 말을 해요. "이 학생이 의대에 다녀요." 만약 조카가 서울대생이었다면 서울대에 다닌다고 했겠죠? 어쨌든 주인장에게 의대 다니는 학생을 소개받으면 거기 있던 나이 사십 줄의 손님들이 스물한 살짜리 애가 하는 이야기를 열심히 들어요. 의대생이거든요. 우리나라에서는 이런 광경을 자주 볼 수 있죠. 이것은 동의되지 않은 권위에 대한 굴복인 것 같아요. 그리고 이 굴복이 우리 사회를 건강하지 못하게 만드는 것 같고요.

오늘도 마찬가지입니다. 제 이야기를 듣고자 오신 분들 대부분은 저에게 호감이 있을 텐데, 그 점 감사하고 저도 잘하고 싶어요. 여러분께 좋은 본이 되고 싶습니다. 하지만 무조건 저를 믿지는 마세요. 책 한 권 읽고, 잠깐 이야기를 들어보고 사람을 알 수는 없습니다. 한 분야에서 오래 일했고, 인문학에 관해 이야기하고 다니지만 주머니에 손 넣고 계단을 오르다가 넘어져서 머리에 반창고를 붙이고 다니는 사람이기도 해요. 박웅현이라는 사람이 생각보다 후진 사람일지도 몰라요. 제가 옳다는 게 다 옳지 않아요. 어떤 부분에서는 잘하지만 어떤 부분에서는 잘못도 해요. 또 어떤 부분은 신뢰할 만하지만 어떤 부분은 허술하기도 하고요. 그러니 이걸 구분해서 볼 줄 알아야 합니다.

딸아이가 본인의 SNS에 제 사진 두 장을 나란히 올린 적이 있습니다. 하나는 『책은 도끼다』에 삽입한 사진이고 다른 하나는 어느 겨울, 집에서 아내가 음식 준비하는 것을 도울 때의 모습이에요. 그때 저는 생강을 까는 임무를 맡았는데요. 생강을 까다 보면 생강 껍질이나 진물이 앞으로 많이 튀어요. 그래서 집사람이 준 앞치마를 두르고, 잘 못 하니까 최대한 집중해서 까고 있었죠. 그런데 이 모습을 우리 딸아이가 찍어서 올린 겁니다. 두 사람이 같은 사람이라는 글을 덧붙여서요. 저는 그게 창피하지 않았어요. 오히려 제가 사는 모습 같아서 좋았습니다.

냉정하게 이야기해볼까요? 의사는 훌륭한 기능인입니다. 그 분야에서 정말 공부 많이 한 사람들이죠. 하지만 사회가 돌아가는 흐름, 문화적인 소양 등 모든 면에서 최고는 아닐 겁니다. 그런데 대부분 무턱대고 믿고 봅니다. 이를테면 아주 유능한 첼리스트가 전 세계에서 인정받을 만큼 첼로 연주를 잘하니까 세상 돌아가는 이치에 관해서도 잘 알겠네요, 하는 것과 똑같습니다.

이런 것들이 왜 동의가 되어야 하는 걸까요? 우리는 모두 완벽하게 불완전한 사람들인데요. 문턱 증후군 때문에 문턱을 넘은 일부 사람들은 단점도 없고 완벽할 거라고 보는 사람의 이야기를 믿지 마세요. 회장님이 전지전능하지 않아요. 물론 존경스러울 수 있지만 그가 하는 모든 말이 옳지 않습니다. 실수하지 않는 사람도 아닙니다. 판사도, 의사도, 서울대생도, 회장도 나보다 낫지만 또 한편으로는 나보다 못한 부분이 분명히 있습니다.

우리는 어떤 문턱을 넘은 사람들을 볼 때 나보다 나은 부분만 봅니다. 그래서 그들 중 어떤 이들은 자기 자신이 진짜로 뭇사람들보다 낫다고 생각하기도 합니다. 언젠가 이름난 진보 인사가 이런 말을 했어요. "대한민국 국회의원을 뭐로 보고 말이야?" 저는 그 소리가 몹시 충격적이었고 매우 실망스러웠습니다. 본인은 국회의원 문턱을 넘었다는 거죠. 국회의원을 뭐로 보긴 뭐로 봅니까? 국회의원은 국회의원일 뿐입니다. 국회의원이라도 인격이 못난 사람은 누구보다 후지고, 국회의원이 아니어도 훌륭한 사람은 누구보다 훌륭해요.

종종 드라마를 볼 때 피식 코웃음 치게 되는 장면이 있는데요. 드라마에 회장님댁 참 자주 나오죠. 으리으리한 저택 거실에서 엄마와 아들이 이야기하다가, 누가 들어오는 기척에 엄마가 확인해보면 남편입니다. 그런데 "얘, 회장님 오셨다"라고 하면서 일어나 남편을 맞아요. 이것은 문제 있는 겁니다.

회사에서나 회장이지 집에 오면 남편이고 아버지예요. 실제로 그래야 하고요. 태어날 때부터 회장이었던 게 아니고 집에서는 아빠고 남편이고 넓게 보면 그저 실수 많은 한 인간일 뿐입니다. 그냥 무덤덤하게 보아 넘기는 드라마의 한 장면이지만 이런 것에 민감하게 반응할 필요도 있습니다.

만들어진 권위에 동의하지 않는다

비틀스가 만든 노래는 역대 세계에서 가장 많이 리메이크됐고 멤버들의 이름을 딴 별이 있다고도 하죠. 한 기자가 비틀스 멤버 중 폴 매카트니에게 질문했어요. "당신에게는 엄청난 유산이 있는데 그 유산에 주눅 들지 않느냐?"라고요. 이 물음에 폴 매카트니가 이렇게 답합니다.

"무슨 이야기인지 잘 압니다. 나는 그래서 안전장치가 필요하다고 생각해요. 매카트니라는 스타로서도 그리고 '나'라는 입장에서도. 매카트니는 자기 이름을 딴 별도 가진 사람입니다. 이런 대중적인 스타와 나를 분리할 필요가 있어요. 사람들은 그걸 잘하지 못하는데, 나는 나를 그렇게 놔두지 않습니다. 스타로서의 업적에 대해서는 기쁘고 영광스럽게 생각하고 때로는 감격합니다. 하지만 집으로 가면서 "난 내 이름을 딴 행성도 있지"라고 하지는 않죠. 난 여전히 리버풀에서 버스를 타고 다니던 사람이라고 생각합니다."*

그는 매카트니라는 스타와 자기 자신을 이렇게 분리해 말했습니다. 스타 폴 매카트니는 자기 이름을 딴 별도 가지고 있지만 일상의 폴 매카트니는 평범한 사람이죠. 사람들은 그걸 분리하지 못 하고 자기 자신이 만든 신화를 믿기 시작해요.

같은 맥락으로 저는 위인전을 싫어합니다. 위인전을 읽다 보면 이 사람들은 어려서도 위인이었을까 싶어요. 싸움 한 번 안 하고 부모님 속 한 번 안 썩이고 자랐다는데 그게 가능할까요? 물론 압니다. 그들의 인생을 왜 그렇게 구성하는지 알겠어요. 짧은 시간 안에 사람들을 집중시켜야 하기 때문입니다. 하지만 그 때문에 한 사람의 인생이 왜곡된다는 게 함정이에요. 위인전의 이야기 구성 방식은 진실의 한쪽 부분만을 아주 강하게 비추는데 그것은 매우 위험한 방법입니다. 위인도 어렸을 때는 떼를 쓰는 아이였고 어른이 된 뒤에는 한 가정 안에

---

* 「살아 있는 전설, 폴 매카트니」, 『빅이슈 No. 37』, 빅이슈코리아, 2012.06.

서 아빠, 엄마일 거예요. 아이 기저귀도 갈아줘야 하고 화장실 청소도 해야 하고 빨래도 해야 합니다. 어떻게 자기 이름을 딴 별을 가지고 있는 사람이 화장실 청소를 해? 하면 안 된다는 거죠. 그런데 대부분 그렇게 생각해요. 어떻게 회장님이 청소를 해?

이게 우리나라 사람들이 가지고 있는 권위 의식 같아요. 문제는 이 권위 의식을 윗사람들은 잘 고치려 하지 않는다는 겁니다. 그러니 여러분이 스스로 없애나가야 해요. 우선 가까이 있는 저를 먼저 검증하세요. 박웅현의 말이 얼마나 옳은지 생각해보고, 옳은 부분은 좋아하되 그렇지 않은 부분은 반면 교사로 삼으세요. 박웅현만이 아니라, 선배, 교수, 부모님 모두를 상대로 그렇게 하세요. 이것이 우리 사회가 건강해지는 가장 좋은 방법이라고 생각합니다. 한 가지 덧붙이자면 엘리베이터에서 사장님이나 회장님을 만나면 당당하게 인사하세요. 어쩔 줄 모르고 구석에 서 있지 말고 이야기 나누면 되는 겁니다. 어떤 상황에서도 비굴하게 굴복하지 마세요. 똑똑한 젊은 사람들이 그러지 않았으면 좋겠어요. 인생이 너무 슬퍼질 것 같아요.

스티브 잡스의 사진 중에 이런 사진이 있습니다. 한 애플 숍에서 나오는 스티브 잡스를 포착한 사진인데, 스티브 잡스가 검은색 후드 집업 상의에 청바지를 입고 주머니에 손을 넣은 채 무심하게 걸어 나오고 있어요. 우리 식으로 보면 큰 기업 회장님이 자사 쇼핑센터에 들어갔다 나오는 셈인데 사진 속 스티브 잡스는 '행인 2'와 다를 게 없어요. 스티브 잡스가 어느 레스토랑에 갔다가 사람이 많았는지 식사를 못 하고 그냥 나오는 모습이 찍힌 사진도 있습니다. 저는 이런 모습이 정말 신선했어요. 아무것도 아닌 사진이지만 특별한 것으로 다가왔죠. 이런 모습이 우리나라 재벌 회장님에게 가능할까요? 아마 어려울 거예요. 의전이 있어야 하고 비서를 대동해야지 회장님께서 어떻게 혼자 식사하러 가시겠습니까?

빌 게이츠 스피치를 듣고 온 사람에게 전해 들은 이야기입니다. 워낙 인기 있는 강연이라서 사람들이 1시간 30분씩 줄을 서서 기다렸답니다. 목덜미가 볕에 다 탈 정도였다고 해요. 그런데 그가 서 있던 줄 앞쪽에 어느 회사 부장이 서 있었대요. 그래서 저 사람도 강연 들으러 왔나보다 하는데, 강연 시작 5분 전에 그 회사에서 가장 높은 사람이 오고 그 부장이 자리를 비켜주더랍니다. 그러니까 그 부장이 그분 대신 미리 와서 줄을 서 있던 거죠. 그런데 그 부장이 나오는 길에 자기 머리를 치더래요. 이유를 물었더니, 자기가 일어나 나가는 모습을 그분께 보이지 말았어야 했는데 실수했다며 속상해하더랍니다. 그분이 부담스러우시면 안 되니까요. 무섭지 않은가요? 실제로 대한민국에서 이런 일이 아무렇지 않게 벌어지고 있어요.

제가 다니고 있는 광고회사 TBWA의 월드와이드 CEO로 '장 마리 드루'라는 사람이 있었습니다. 업계 사람들 모두가 존경하는 사람입니다. 실제로 만나본 적이 있는데, 20분 정도 이야기해보면서 그가 배려심 있고, 겸손하고, 괜찮은 사람이라는 걸 느꼈어요. 그때 그가 회사에 찾아와서 전사 팀장 회의에서 잠깐 스피치를 했어요. 손을 흔들면서 회의실로 들어와 편안하게 이야기를 했는데, 그중 인상적인 이야기가 있었습니다.

"다른 문화를 접할 때 우리에겐 두 가지가 필요합니다. 호기심과 존중. 그리고 윗사람이 될수록 중요한 것은 다른 사람의 재능을 사는 일입니다. 프랑스 속담에 '재능은 다른 사람들의 재능을 발견하는 것이다'라는 말이 있죠."

이런 멋진 이야기를 하더군요. 여기에서 설득이 되는 겁니다. 격식 없이 들어와서 편안하게 이야기하는데 그중 몇 가지가 무릎을 치게 하는 힘이 있었어요. 권위는 이렇게 생기는 거라고 생각합니다.

장 마리 드루 이야기를 조금 더 하자면 세계적인 CEO임에도 한국에 왔을 때 혼자 왔어요. 비서를 데리고 오면 비행기 삯이며 체류비 등 돈이 두 배로 드는데 그럴 필요가 없다는 겁니다. 도착해서도 호텔에 들어가 혼자 있더라고요. 그 모습을 보면서 우리나라 기업의 회장이라면 가능한 일일까 생각해봤습니다. 우리나라에서 회장님을 만나려면 의전, 마호가니 가구로 치장된 대리석의 긴 복도를 거쳐야 해요. 그 복도를 걷는 동안 그런 것에 벌써 기가 죽죠. 세상은 이런 식으로 권위를 조장하고 우리는 너무 쉽게 굴복해요. 하지만 만들어진 권위에 절대 속지 말아야 합니다.

또 한 번은 스티브 잡스의 동료였던 광고계의 전설, 리 클라우를 LA 사무실에서 만난 일이 있었습니다. 짧은 만남이었지만 강렬하게 기억에 남아 있습니다. 마호가니 가구나 대리석이 깔리지 않은 사무실에서 기다리고 있었는데 잠시 후 반바지에 티셔츠를 입은 한 남자가 문을 열고 들어왔어요. 리 클라우였습니다. 그가 자기 소개를 하고 인사하는데 멋진 슈트는커녕 편안한 차림에 의전도 없었죠. 하지만 저는 그와 이야기를 나누면서 저절로 고개가 숙여졌어요. 그 대화를 통해 그 사람의 권위를 인정하게 되었거든요. 저는 그런 경우에는 아주 기분 좋게 고개를 숙입니다. 하지만 무조건 "회장님 나오십니다"로 기죽이려는 권위에는 절대 동의하지 않습니다.

여러분도 동의하지 않았으면 좋겠어요. 사회는, 기득권 세력은 고분고분한 사람을 원합니다. 자기 것을 지키기 위해서는 자기를 도발하는 사람은 없어야 하니까요. 그렇기 때문에 권위를 내세우면서 복종하고 따라오라고 무언의 압박을 하죠. 우리는 그런 가짜 권위를 검증하려고 해야 합니다. 우리를 무서워하게 해야 해요. 회사의 가장 윗사람에게도 건의할 수 있고 아닌 건 아니라고 말할 수 있어요. 회장이나 사장이라 불리는 사람의 눈치를 보는 가장 큰 이유는 그가 돈을 주는 사람이라는 생각 때문일 텐데, 우리는 일하지 않고 돈을 받는 게 아니잖아요? 그쪽의 시혜를 받는 게 아닙니다. 정당하게 일하고, 일한 만큼의 대가를 받는 것이니 할 말은 해야 하는 겁니다.

강의할 때마다 농담처럼 윗사람만 잘하면 된다고 말하는데 시간이 지날수록 그게 정말 맞는 말 같습니다. 여기 계신 분들보다 제가 잘해야 한다는 걸 최근에 더 느껴요. 만약 여러분이 제 팀원인데 제가 판단을 잘못해서 어떤 단어 하나를 내주고 "그걸 깊게 생각해 봐"라고 하고는 집에 갔다고 쳐요. 그리고 다음 날 와서 "생각해보니 그 단어는 아닌 것 같다" 이렇게 말하면 여러분이 뭐가 됩니까? 저는 딱 한마디 한 것이지만 팀원들은 그 한마디에 잠 못 자고 밤을 새웠을 겁니다.

동의되지 않는 권위에 굴복하지 말고
불합리한 권위에 복종하지 말자.

그러니 윗사람이 어떻게 방향을 잡느냐가 매우 중요하고, 그래서 그만큼의 책임도 따르는 겁니다. 이 세상에 공짜는 없으니까요. 윗사람, 돈도 많이 벌고 인정도 많이 받는 데다가 일도 덜 해요. 그리면 잘해야죠. 이런 이야기를 젊은 분들 앞에서 하면 열화와 같은 성원을 받는데, 팀장급 이상이 모인 자리에서 하면 헛기침이 나오고 분위기가 싸늘해집니다.

제가 하고 싶은 말은 계급장을 떼자는 겁니다. 저는 윗사람으로서 회의실에서 계급장을 떼려고 합니다. 매번 성공하지는 못합니다. 많이 실패하죠. 그래도 계속해서 노력합니다. 인턴이건 팀장이건 '누가' 하는 말이냐가 아니라 그 말이 '무엇'이냐가 중요하다고 생각하고 듣고 보려고 애씁니다.

글로벌 운송회사 페덱스(Fedex) 광고 중에 이런 것이 있었습니다. 인터넷으로 페덱스를 이용하면 10% 할인을 해주겠다는 메시지를 전하는 광고입니다. 이 광고는 매우 재미있게 만들었어요. 설명해보면, 사무실 테이블에 여섯 명이 둘러앉아 있어요. 맨 위쪽 가운데에 팀장이 앉아 있고요. 전형적인 회의 모습입니다.

팀장 : (무게를 잡고) 우리 팀 경비 절감을 해야 하니 아이디어를 내봐요.

190

꺼벙하게 생긴 팀원 1이 소심하게 말문을 엽니다.

팀원 1 : 음……. 인터넷에 페덱스 사이트를 열고 온라인으로 주문하면 10% 할인해주죠.

다른 팀원들은 팀장 눈치를 보고 침묵이 4~5초 정도 흐릅니다. 그때 깍지 낀 채로 눈을 감고 듣던 팀장이 갑자기 입을 열죠.

팀장 : OK. 나한테 아이디어가 있어. (손으로 허공을 가볍게 내리치며) 페덱스 온라인 사이트를 열고 온라인으로 주문하면 10% 할인해주지.

그러자 다른 팀원들이 모두 좋은 아이디어라고 손뼉을 치며 감탄합니다. 팀원 1은 황당하겠죠? 자기 의견이랑 똑같으니까요. 그래서 묻죠.

팀원 1 : 방금 제가 한 이야기와 똑같은 말 같은데 뭐가 다른 거죠?

그러자 팀장이 말합니다.

팀장 : 너는 (손동작하며) 이게 없었어.

사실 이 에피소드는 창의력에 관해 강의할 때 예로 드는 겁니다. "팀장님들, 여러분이 창의적인 아이디어를 얻고 싶으면 후배들의 말을 자신의 말처럼 똑같이 여기고 들어주세요"라고 할 때요. 웃자고 만든 광고지만 영어 문화권에서도 이런 일이 일어납니다. 같은 경우에 팀장에게 존댓말을 써야 하는 우리 문화에서는 더 어렵습니다. 그래서 팀장과 인턴이 똑같은 이야기를 해도 팀장의 말을 더 중요하게 여기죠. 직위에 따른 권위일 뿐입니다. 그러니까 윗사람에게 저항해야 합니다. 그리고 본인이 윗사람이 되었을 때 똑같이 후배들의 도전을 받을 준비를 해야 해요.

권위에 굴복하지 않는 것도 중요하지만, 더 나이 먹어 윗사람이 되었을 때 권위를 내세우지 않는 태도도 중요합니다. 권위는 우러나와야 하는 거예요. 내가 이야기한다고 되는 게 아니라 상대가 인격적으로 감화돼서 알아줘야 하는 겁니다. 그게 권위입니다. 절대 긴 복도가 권위가 되어서는 안 됩니다.

인생을 가장 멋지게 사는 방법

"인생을 멋지게 살고 싶다면 강자한테 강하고 약자한테 약해져라."

언젠가 딸에게 인생을 멋지게 사는 방법을 알려줬었는데 이건 누구나 실천 가능한 일입니다. 누구든 이룰 수 있는 일이고요. 강자에게 당당하게 고개 들고 약자에게 고개를 푹 숙이세요. 故 노무현 대통령 사진 중에 신문사 사주들을 만났을 때는 허리를 편 자세로 눈을 보면서 악수하고, 농민을 만나 인사할 때는 고개를 숙이는 모습이 있었어요. 저는 그런 삶의 태도가 제대로 사는 방법인 것 같습니다.

니코스 카잔차키스의 『영국 기행』에는 이런 구절이 있습니다.

영국인들은 외부의 법규는 모름지기 개인 내부의 입법자에게 비준을 받아야 한다고 생각했다.[*]

이것이 오늘 이야기의 핵심입니다. 바깥에 있는 권위는

---

[*] 니코스 카잔차키스, 『영국 기행』, 이종인 옮김, 열린책들, 2008.

내 안의 입법자로부터 비준을 받아야 합니다. 비준을 받지 않은 채 무조건 따라서는 안 됩니다.

리들리 스콧 감독의 〈킹덤 오브 헤븐〉이라는 영화가 있습니다. 주인공 '빌리안'은 원래 대장장이였지만 전쟁에서 훌륭한 전사로 싸웠어요. 전쟁이 끝난 뒤에는 다시 자신의 삶으로 돌아가죠. 그런데 국왕이 십자군 원정을 떠나는 길에 그를 찾아와 '예루살렘을 지켰던 빌리안'을 찾아왔다고 말합니다. '전사 빌리안'이 필요하다는 이야깁니다. 그 말에 빌리안은 자신은 대장장이라고 대답을 합니다. 왕은 다시 말합니다. "나는 영국의 왕이다." 빌리안이 뭐라고 답했을까요? 상대가 왕이니 무릎을 꿇었을까요? 아니요. 그는 곧은 시선으로 왕을 보고 대답합니다.

"…… 그리고 전 대장장이입니다."

이 장면에서 빌리안은 왕에게 쩔쩔매거나 대답하기를 망설이지 않아요. 왕의 권위에 굴복하지 않았어요. 왕 앞에서 전사 빌리안이 아닌 대장장이이고자 한 자신의 의지를 저 짧은 말로 보인 겁니다. 왕은 그의 대답이 무슨 의미인지 이해하고 바로 말을 돌려 갈 길을 가죠. 그의 의지를 인정한 겁니다. 저는 우리에게도 빌리안과 같은 자세가 있었으면 좋겠어요.

제가 굴복하지 말고 저항하라고 한 대상은 충분히 힘이 센 사람들입니다. 나의 저항으로 그들이 상처받을까 봐 걱정하지 않아도 됩니다. 그러니 강하게 대하셔도 돼요. 우리가 걱정하고 약해져야 할 사람들은 따로 있습니다. 하루하루를 열심히 사는 사람들, 사회의 약자들, 그런 사람들을 무서워해야 해요. 그 사람들을 존중하세요. 저기 높은 빌딩 꼭대기에 있는 사람들보다 그런 사람들을 더 귀하게 여겨야 합니다. 그렇게 하면 나도 존중받을 수 있습니다.

그리고 옳은 게 이긴다는 걸 믿으세요. 옳은 말은 힘이 셉니다. 그러니까 나의 판단이 옳은지 그른지 생각해보고, 옳다고 생각하면 윗사람이 뭐라고 하든 관철해나가야 합니다. 저는 이것이 젊음을 대하는 자세 중 가장 중요하다고 봅니다. 그 젊음이 어떤 젊음입니까? 얼마나 귀한 청춘인데 내 젊음을 놓고 남의 기준점에 맞춰서 사는 겁니까? 노래 가사에도 있지 않습니까? 쩨쩨하게 굴지 말고 가슴을 쫙 펴라고요. 내일은 내일의 해가 뜹니다.[*]

---

[*] 들국화의 〈사노라면〉 가사 중 "쩨쩨하게 굴지 말고 가슴을 쫙 펴라. 내일은 해가 뜬다."

마흔까지는 권위에 도전하고 정면교사, 반면교사 다 해보세요. 그리고 마흔이 되면 그때 태도를 바꾸십시오. 그때는 말만이 아니라 진짜 행동으로 옮겨야 하는 때입니다. 나이 마흔에도 말만 하고 있는 것은 바람직하지 않습니다. 마흔에는 행동으로 옮겨 뒤따라오는 후배들에게 조금이라도 좋은 조건을 만들어주세요. 내가 봤던 잘못된 것들을 과감히 개선하고, 그러면서 한편으로 도전받을 준비를 해야 합니다. 논쟁을 준비하세요. 그게 누구든, 문턱을 넘어선 것과 상관없이 정당하게 논쟁하고 인정하고, 존경하고 또다시 저항하면서 사십시오. 존경은 아래로 가도 아무런 문제가 없습니다.

잊지 맙시다. 우리는 약하기도 하고 강하기도 합니다. 우리는 약하죠. 취업도 안 되고, 사회에서 자리잡기도 힘들고, 결혼도 어렵고, 집도 없습니다. 살다 보면 억울한 일을 당하기도 하고요. 하지만 우리는 강하기도 합니다. 모든 사람이 다 그렇습니다. 맨 위에 있는 사람도 저 아래 있는 사람도 모두 똑같아요. 그러니 균형을 맞추기 위해 윗사람들에게 강하고 아랫사람들에게 약한, 강자에게 강하고 약자에게 약한 우리가 되기를 바랍니다.

소통

疏通

마음을 움직이는 말의 힘

젊음 혹은 삶을 대하는 데 있어 중요하다고 생각하는 여덟 가지 키워드를 추려 시작한 강의가 벌써 일곱 번째에 접어들었습니다. 이번에 나눌 주제는 '소통'입니다. 저는 소통이 살아가는 데 있어 무척 중요한 키워드라고 생각합니다.

처음 소통이라는 단어를 환기하게 된 계기는 경영학자 피터 드러커의 책 『CEO의 8가지 덕목』에 대한 한 서평 때문이었습니다. 서평에는 피터 드러커가 주장하는 여덟 가지 덕목이 단정하게 정리되어 있었는데요.

첫째 '무엇을 하고 싶나'보다 '무엇을 해야 하나' 묻는다.

둘째, 무엇이 기업을 위한 길인가 생각한다.

셋째, 계획표에 따라 행동한다.

넷째, 기꺼이 책임을 떠맡고 결정을 내린다.

다섯째, 효과적인 커뮤니케이션 구조를 만든다.

여섯째, 기회를 놓치지 않는다.

일곱째, 생산직 미팅 시스템을 구축한다.

여덟째, 항상 '우리'라고 말한다.

이중 판단력을 가지고 비전을 제시하고 리더십을 가져야한다는 덕목 대부분은 이해됐으나, 다섯째로 언급한 커뮤니케이션만큼은 선뜻 납득이 되지 않았습니다. CEO라는 최고의 결정권자에게 소통이 그렇게 필요할까 싶더군요. 그런데 오랫동안 회사생활을 하고 윗사람이 되어보니 소통은 불필요한 노동을 없애는 데 매우 중요한 것이었습니다. 소통을 잘하면 그것만으로도 일을 덜 하게 되기 때문입니다.

예를 들어 우리 팀이 회의한다고 가정해보죠. 아이디어를 내야 하는 광고 업무는 소통이 되지 않으면 손실이 생기기 마련입니다. 그래서 저는 늘 회의실에 100년 차가 들어간다고 말합니다. 보편타당한 경력의 고만고만한 몇 명이 들어가는게 아니라, 25년 차 카피라이터인 팀장과 17년 차 아트디렉터, 15년 차 후배 카피라이터 등 회의실에 있는 사람들의 경력을 합치면 100년 차 경력의 광고인이 들어간다고요.

그런데 만약 이 100년 차가 회의실에 들어갔는데 가고자 하는 방향을 공유하고 있지 않다면 100년 차의 전력은 분산되는 겁니다. 그 상태로 회의를 마치고 "내일 다시!" 하게 되면 24시간 동안 25년 차는 25년 차의 머리를, 17년 차는 17년 차의 머리를 굴리겠죠. 다 각각의 방향을 가지고 나름의 생각을 할 겁니다. 그러나 다음 단계를 위해서는 함께 바라볼 한 지점이 필요합니다. 그래야 25년 차, 17년 차, 15년 차가 각자 머리를 굴리더라도 100년 차의 전력을 발휘할 수 있습니다. 이건 소통 없이는 불가능합니다.

저는 팀 회의를 할 때 회의를 마치고 나가서 뭘 해야 할지 모르면 회의실을 나가지 말라는 이야기를 자주 했습니다. 그리고 회의가 끝날 때쯤에는 제일 선임자인 제가 "오늘은 별거 없으니 그냥 쉬자"라거나 "오늘은 꼭 이 주제를 발전시켜 보도록 하자"라고 방점을 찍어줬어요. 그래야 편히 쉬든, 집에 가면서도 아이디어를 떠올리든 할 게 아니겠습니까? 소통만 잘돼도 아이디어의 분산을 막고, 집중할 기회를 놓치지 않을 수 있습니다. 그런데 만약 제가 아무 말 없이 회의실을 휙 나가버린다면 남은 사람들은 뭘 해야 할지 모르고 갈팡질팡할 겁니다. 더 생각해야 하나 말아야 하나 어떻게 해야 하나 고민하다가 시간이 다 가겠죠. 괜히 야근이나 철야를 하는 사람이 생길 수도 있고요. 그러니 팀 리더가 방향을 정해주지 않은 채, 소통하지 않고 혼자 독단적으로 회의를 이끄는 건 죄악이라고 말해도 될 정도입니다.

그렇다면 이야기를 조금 확장해볼까요? 3천 명의 직원이 있는 기업의 CEO가 있다고 가정해봅시다. 그 CEO가 직원들에게 일의 목적과 비전을 세워주고, 성취감을 안겨줌으로써 회사가 발전하도록 하는 데 성공하기 위해 가장 필요한 게 뭘까요? 바로 소통입니다. 자기 뜻을 정확히 전달하고 소통하지 않으면 3천 명과 한 방향을 볼 수 없어요. 그렇기 때문에 CEO의 덕목에 커뮤니케이션이 들어가 있는 겁니다.

물론 이 소통은 꼭 회사나 단체에서만 필요한 게 아닙니다. 개인적인 관계에도 마찬가지로 적용되죠. 부부 관계, 친구 관계, 심지어 육아에도 매우 중요합니다. 소통이 잘되지 않으면 관계의 난맥상이 생길 것이고 그로 인해 생활이 힘들어지기 때문입니다. 그래서 같은 상황에서 어떤 사람들은 지혜롭게 난관을 헤쳐나가고, 누군가는 헤쳐나가지 못하는 일이 생기는 겁니다. 이렇게 중요한 덕목인데 때때로 소통이 잘되지 않는 경우를 봅니다. 무엇이 문제일까요?

소통이 안 되는 세 가지 문제

: 첫 번째, 서로 다르다는 걸 인정하지 않는다

흔히 연인이 다툴 때 서로 말이 안 통한다는 이야기를 많이 하죠. 같은 사안을 두고 남녀의 반응 차이를 보여주는 영상도 많고요. 남녀 간의 소통을 더 쉽게 이해하게 해주는 책으로 『오래된 연장통』이 있습니다. 우리나라 최초의 진화심리학자인 전중환 씨가 쓴 책으로, 상대 이성을 이해하고 소통하는 데 도움이 됩니다. 제목에 쓰인 '연장통'은 우리의 뇌를 지칭합니다. 우리가 하는 모든 행동은 인간이 백만 년 동안 진화하면서 유전자, 즉 연장통에 박혀 있던 것들이라는 이야기입니다. 내용 중에 여자와 남자에 관해 진화심리학에 기초해 풀어낸 이야기가 있는데 매우 흥미롭습니다.

보통 남자가 여자보다 운전을 잘하고 방향 감각이 좋다고 하는데, 그건 남자가 더 뛰어나기 때문이 아닙니다. 수백만 년 전, 인류가 진화하기 전 수렵과 채집 생활을 하던 시절에 남자들은 사냥을 담당했는데, 사냥을 나갔다가 동굴로 돌아오려면 산 아래 나무나 바위의 위치를 정확히 봐야 했어요. 길을 잃고 무리가 있는 곳으로 돌아오지 못하면 살아남을 수 없었기 때문입니다. 여자도 마찬가지입니다. 여자가 남자보다 대화를 많이 하고 집 안 가구 배치, 살림살이 등을 꼼꼼히 신경 쓰는 이유는 여자가 특별히 세심하기 때문이 아니라 백만 년 전부터 오랜 시간 그 일을 여자들이 해왔기 때문이라는 겁니다. 처음부터 이렇게 달랐습니다. 그런데 그렇게 다른 사람들이 결혼해서 살아요. 어떻게 될까요?

저를 예로 들어볼게요. 오래전 회사에서 중요한 회의를 하고 있는데 아내에게 전화가 왔어요. 성신여대 앞에서 접촉사고가 났대요. 그래서 다쳤냐고 물었더니 다치지는 않았답니다. 그러면서 자초지종을 설명해요. 그래서 다시 물었죠. 보험사에 연락은 했느냐고요. 그랬더니 연락은 했다면서 접촉사고가 왜 났는지, 상대방의 잘못이 무엇인지 다시 설명해요. 저는 중요한 회의 중에 전화를 받은 건데 자꾸 같은 말을 반복하길래 물었습니다. "어떻게 할까? 내가 지금 갈까?" 그랬더니 집사람이 매우 섭섭해하며 전화를 끊어버렸어요. 그리고 저는 퇴근 후에 크게 혼났죠.

그런데 당시에 저로서는 '어떻게 해달라는 거지?' 싶었어요. 무조건 그렇다고 할 수 없지만 남자 대부분은 문제 상황을 접하면 어떻게 풀어야 하는지 해결 방법부터 머릿속에서 돌아갑니다. 내가 풀 수 있는 것이면 당장 하고, 내가 풀 수 없는 것이라면 어떻게 해서든 방법을 찾아 처리하죠. 다른 곳에 전

프랑스의 화가이자 조각가, 판화 제작자인 오노레 도미에(Honoré Daumier, 1808~1879)가
1839년에 그린 캐리커처 드로잉(Moeurs Conjugales, No. 3)의 석판화로, 잠자리에 들기 전
논쟁하는 부부의 모습을 담아냈다.

화해서 설명하지 않아요. 반대로 많은 경우 여자들 대부분의 메커니즘은 답을 달라는 게 아니라 '상황에 대한 공감'에 있어요. 접촉사고가 났을 때 해결해달라는 게 아니라, 어쩜 그런 사람이 다 있냐고 맞장구를 치면서 30분 동안 수화기 너머로라도 함께 시간을 보내달라는 거죠. 뇌 구조가 완전히 달라요. 다섯 번 정도 비슷한 경험을 하고 나서 이걸 알게 됐어요. 물론 지금도 완벽하진 않습니다.

남녀의 이런 차이와 관련해서 오래전에 「오빠는 왜 그렇게 생각이 없어?」라는 제목의 칼럼을 쓴 적이 있습니다. 제가 명색이 카피라이터인데 아내는 저보고 왜 그렇게 생각이 없느냐고 늘 타박했는데요. 한 번은 "그래도 생각하는 게 직업인 사람인데 생각이 없다는 건 너무한 거 아냐?"라고 했더니 "생각 없잖아!"라고 짧게 되받아쳐요. (웃음) 아내가 말하는 생각은 이런 것이에요. 예를 들어 쇼핑하러 갔다가 마음에 드는 머플러를 발견했어요. 저한테 의견도 물어보고 이리 대고 저리 대보고 괜찮다고 말해요. 그런 다음 아내는 바로 다른 매장으로 가버리죠. 그래서 제가 마음에 드는 거 아니었냐고 물었더니 마음에 들었대요. 아니, 그런데 왜 사지 않죠? 저는 쇼핑만 하러 가면 불편하기도 하고 에너지가 뚝 떨어져서 빨리 매장 밖으로 나갈 생각에, 한 번 보고 마음에 드는 물건은 바로 삽니다. 아내는 하나부터 열까지 '생각'해서 '비교'하고요.

관찰력이 좋으신 분들은 아실 텐데 백화점에 가면 남성복과 여성복 매장의 품목 진열 방식이 다릅니다. 여성복 매장의 액세서리는 피팅룸 근처에 있어요. 여자들은 옷을 입어보고 나오면서 액세서리가 그 옷에 어울리는지 아닌지 확인하고 구매하죠. 반면 남성복 매장의 액세서리는 주로 계산대 앞에 있습니다. 바지를 계산하려고 섰는데 계산대 앞에 벨트가 있어요. 그럼 집어 드는 겁니다.

좀 비약해서 남자들 대부분은 오랜 친구들과 술 먹는 데서른 단어로도 충분합니다. 잘 사냐, 미친놈, 먹자, 마셔, 이런 몇 가지 단어만 반복해도 이야기가 됩니다. 그런데 여자들이 쓰는 단어는 감히 제가 아는 숫자로 헤아릴 수 있을까 싶을 정도입니다. 아내가 친구와 전화할 때 보면 40분을 이야기하고 나서 끊을 때 자세한 이야기는 만나서 하자고 해요. 그 모습을 보면 여태 한 이야기는 뭘까 싶죠. 20년 지기들과 단어 서른 개로 대화하는 남자들은 도무지 이해하지 못합니다.

이렇게 남자와 여자가 차이가 나니 제가 아내에게 생각이 없다는 소리를 들었던 겁니다. 이런 일련의 일들을 겪고 나서야 '아, 나는 생각이 없구나' 인정하게 됐어요. 그 후에 이 칼럼을 썼습니다.

「오빠는 왜 그렇게 생각이 없어?」

집사람이 가끔 내게 하는 말이 있다. "오빠는 (인간은 습관의 동물이다. 연애 때부터 입에 붙은 말은 쉽게 떨어지지 않는다) 왜 그렇게 생각이 없어?" 명색이 생각으로 먹고사는 카피라이터 출신의 CD에게 하는 말이다. 하지만 이것은 부정할 수 있는 명제가 아니다. 스카프 하나 사면서 옷장에 있는 모든 스커트와 재킷을 '생각'해봐야 하고, 매치되는 허리띠, 브로치, 목걸이, 귀걸이, 가방, 신발까지 '생각'해봐야하는데 나에게는 그런 능력이 존재하지 않는다.

남의 집을 방문하면서 "주스나 하나 사 가지, 뭐"라고 말하는 것은 생각이 아니다. "지난번에 잠깐 그 집에 가보니물잔은 미카사 크리스털이었고 로열 돌튼 찻잔에 허브티를 내놓고, 평소 옷 입고 다니는 스타일이나 앤티크한 집안 분위기를 '생각'해봤을 때 작고 세련된 도자기 장식 같은 걸 하나 사 가는 게 좋겠어!" 이게 생각이다. 과연 인류사가 끝나기 전에 남자가 여자만큼 진화할 가능성이 있을까? 나는 불가능하다는 데 한 표다.

남자들은 과연 생각만 없는 것일까? 한번은 사무실에 손님이 찾아와 친한 여자 후배에게 커피를 두 잔 사다 달라고부탁한 적이 있다. 시간은 오후 다섯 시경이어서 우리는 약간 시장한 상태였고 그렇다고 저녁 식사 전에 뭘 먹기도 애매한 그런 시간. 후배는 커피 두 잔에 부탁하지도 않은 머핀 하나를 같이 사 왔다. 머핀 두 개가 아니고 하나. 두 사람이 저녁 식사 입맛을 버리지 않고 급한 허기를 채우기에 딱 알맞은 양인 머핀 한 개. 그리고 그것은 정확하게 그 후배가 '생각'한 것이었다.

'주스나 하나 사 가지, 뭐'에서 '머핀 하나'까지의 거리는 몇 광년일까? 이쯤 되면 '생각'이 '생각'이 맞나 싶다. 이건 '배려' 아닌가?

그렇다면 어떤 경우 "오빠 왜 그렇게 생각이 없어?"는 이렇게 번역될 수 있다. "오빠 왜 그렇게 배려가 없어?" 어쩌면 '생각 없음'의 다른 말은 '배려 없음'이고 '배려 없음'의 다른 말은 '교양 없음'이고 '교양 없음'의 다른 말은 '능력 없음'은 아닐까?

물론, 나도 남자인 입장에서 그래도 우리 인간 사회를 구성하는 열등한 반쪽을 위한 변명이 없는 것은 아니다. 집중력과 추진력. 적어도 이것은 우리의 우등한 반쪽보다 남자들에게 더 자주 보이는 것 같다. (하긴, 집중력과 추진력은 단순 무식이란 동전의 뒷면이기도 하다.)

나는 남자다. 여자들의 '생각'을 부러워하는 남자. 그렇다고 여자가 될 수는 없는 남자. 그렇다면 결론은 중성화되는 것이다. "남자의 장점과 여자의 장점을 함께 갖춘 사람이 되자." 얼마 전 휴대폰에 적어놓은 취중 낙서다.

　요즘 길고양이들의 중성화 운동이 한창이다. 길고양이가 되어야 할까?

: 두 번째, 상대를 배려하지 않는다

　'샤니(SHANY)'라는 브랜드를 아십니까? 어릴 적 즐겨 먹던 빵 브랜드입니다. 지금은 식품 전문그룹 SPC로 바뀌었는데, 그 당시 샤니의 슬로건이 뭐였냐면 'We bake goodness'였습니다. '우리는 좋은 것을 굽는다'라는 뜻이죠. 소통하는데 문제가 없어 보입니다. 단, 이걸 이해할 수 있는 사람들에 한해서요.

　어느 날 법성포에 갔다가 터미널에 들렀는데 터미널 매점 한가운데, 위쪽에 커다랗게 'We bake goodness'가 딱 쓰여 있었어요. 주위에는 아직도 터미널을 '차부'라고 부르는 주름 가득한 할머니들이 보따리를 들고 앉아서 버스를 기다리고 있었고요. 그곳을 드나드는 사람 중에 'We bake goodness'가 무슨 의미인지 이해하는 사람이 얼마나 될까요? 조금 섬뜩했습니다. 아무도 알아들을 수 없는 말이라면 욕일 수도 있는 거 아닌가? 매일 저곳에서 빵을 사 먹겠지만 과연 저 사람들에게 'We bake goodness'가 어떤 의미가 있을까? 하는 생각이 들더군요. 그때 비로소 슬로건이 상황에 따라 이렇게 달라질 수 있구나 생각했습니다. 그리고 소통에는 노력이 필요하다는 걸 깨달았죠.

전하려는 메시지를 가능한 한 보통의 모두를 이해시킬 수 있는 말로 전하는 것이 진짜 소통이라고 생각합니다. 그런데 우리는 소통을 위한 노력을 잘 하지 않는 편입니다. 문장을 구성하는 것도 마찬가지입니다. 지하철을 타면 보게 되는 문구가 있습니다.

열차 내에서 옆 사람에게 혐오감을 주는 행위는 법에 의해 처벌받게 되는 경우가 있습니다. 고맙습니다.

뭔가 이상하지 않나요? 이건 비문이에요. 주어가 '혐오감을 주는 행위는'인데 그러면 행위가 처벌을 받는다는 의미가됩니다. 이 문장을 고쳐보면 이렇게 되겠죠.

- 옆 사람에게 혐오감을 주는 행위를 하면 (주어 생략으로) 처벌을 받게 되는 경우가 있습니다.

- 옆 사람에게 혐오감을 주는 행위는 처벌의 대상이 될 수 있습니다.

언젠가는 우리나라를 대표하는 한 방송국 대기실에서도 이런 비문을 발견했어요.

다음과 같이 분장실에서 유의할 사항을 아래와 같이 알려드립니다.

이런 문장은 의미를 전달하는 데 효율적이지 않습니다. 아래와 같이 수정해야겠죠.

- 다음과 같이 분장실에서 유의할 사항을 알려드립니다.
- 분장실에서 유의할 사항을 아래와 같이 알려드립니다.

한번은 겨울에 코엑스(COEX)에 갔더니 남자 화장실에 '동파 방지 관계로 누수함' 이렇게 쓰여 있었습니다. 동파를 막기 위해 소변기에 물을 틀어놓았으니 잠그지 말라는 뜻입니다. 그런데 코엑스 남자 화장실을 가장 많이 이용하는 연령대는 10대, 20대일 거예요. 몇 명이나 이 말의 의미를 한 번에

명확히 알 수 있을까요? '잠그면 얼 수 있으니 잠그지 마세요'라고 말하고 싶었다면 단순 명료하게 '잠그지 마세요'라고 표현하는 게 낫다고 봅니다. 좀 더 설명하고 싶다면 '물이 어는 것을 막기 위해 물을 틀어놓았으니 잠그지 마세요'라고 해도 되고요. '동파 방지 관계로 누수함'이라는 말은 쓴 사람의 세계에서 한 치도 벗어나지 않은 말입니다. 읽는 사람에 대한 배려가 없는 것이고 그래서 소통에 문제가 생기는 겁니다.

: 세 번째, 하고 싶은 말을 제대로 전하지 못한다

자신이 하고 싶은 이야기가 무엇인지 모른 채 자기 말만 하는 경우가 많죠? 가끔 동네에서 만나 술 한잔하곤 했던 친구가 있었습니다. 그날도 그 친구를 만나 주거니 받거니 하며 소주를 한잔하는데 그가 문득 자기 친구의 아내 이야기를 꺼냈습니다.

"웅현아, 내가 그 친구 집에 갔는데 그 와이프가 끝내준다."

"그래? 뭐가?"

"뭐냐면, 진짜 잘해, 그렇게 잘하는 사람 처음 봤어."

"그래서 뭘 잘하는데?"

"정말 잘해. 깜짝 놀랐어. 끝내줘."

"그러니까 뭐가 끝내주냐고."

한 30분 정도 그 이유를 집요하게 묻고 나서야 왜 그 사람이 끝내주는지 알게 됐습니다. 친구의 말을 종합해보면, 새벽한 시에 남편 친구들이 불시에 그 집에 들이닥쳤는데도 그 아내가 술상도 봐주고 남편 친구들이 불편하지 않도록 해줬나봅니다. 굉장히 단순하고 짧은 이야기예요. 처음부터 그가 생각을 정리해서 자신이 '왜' 그 친구의 아내에게 감동 받았는지 설명해줬다면 이 이유를 듣는 데 30분이나 걸리지 않았겠죠. 술자리에서 돌아오는 길에 만약 이게 회의였다면 30분은 그냥 죽은 시간이 됐겠구나, 생각했습니다. 이처럼 제대로 소통이 이루어지지 않으면 함께하는 사람의 시간까지 갉아먹는 결과를 가져올 수 있어요. 조금만 노력하면 불필요한 시간 낭비를 없앨 수 있는데 말입니다.

그리고 가장 안 좋은 결과로는 싸움이 벌어지죠. 다른 사람의 이야기를 듣지 않고 자기 말만 하다 보니 답답해지고 감정적이 되는 겁니다. 그러다 "너 몇 살이야!" "머리에 피도 안마른 게" "나잇살이나 먹어가지고" 같은 막말이 나오게 되고 감정적인 말싸움으로 번지게 되고요. 정치권에서도 쉽게 볼 수 있는 광경이고, 우리 주변에서도 매일 벌어지는 일입니다.

소통을 위한 자세

: 첫 번째, 다름을 인정하자

그렇다면 이 문제들을 어떻게 뚫고 나아가야 할까요? 우리는 이 문제들을 어떻게 극복할 수 있을까요?

첫 번째 문제는 서로 다르다는 걸 인정하지 않아서 생기는 소통의 난맥상이었습니다. 이때는 역지사지(易地思之)해야 합니다. 다른 사람의 입장에서 생각하고 말하는 게 제일 쉽고 좋은 방법입니다. 그 예로 저와 제 딸 이야기를 해보겠습니다.

딸아이가 성인이 된 후에도 저희는 별 이야기를 다 했습니다. 사람들이 우리 부녀의 대화를 듣고는 아빠와 딸이 그런 이야기까지 해?라고 할 정도였죠. 생리적인 문제부터 남자친구 이야기까지 친구처럼 주고받아요. 어려서부터 그랬습니다. 그래서 대부분 딸의 방은 '아빠 출입 금지'이기 쉽지만 저는 출입이 자유로웠죠. 보통 아이들이 중학교쯤 가면 친구들이 놀러 오거나 생일파티라도 하는 날이면 부모는 절대 자기 방에 못 들어오게 하는데 딸아이는 늘 아빠가 제 방에 출입하는 걸 허락했어요. 초등학교 때도, 중학교 때도, 고등학교 때도 그랬습니다. 아이가 성인이 된 후에 그때 네 방 출입을 왜 허해줬느냐 물으니 답이 아주 간단하더라고요. "아빠가 있으면 재미있으니까."

자랑 같지만 아이가 어릴 때부터 저는 제가 어른이니까 저보다 어린아이들이 좋아하는 것에 시선을 맞추려고 노력했습니다. 딸아이가 유치원에 다닐 때는 그 나이대의 아이들이 똥 이야기를 좋아하니까 똥 이야기를 해줬고, 좀 더 크고 난 후에는 연예인, 남자친구 이야기를 함께 했어요. 아이가 지금도 기억에 남는다고 이야기하는 것 중 하나가 있는데, 아이 시험 때 제가 밤에 아이 곁에 같이 있어줬던 겁니다. 시험 기간에 새벽까지 공부하는 게 얼마나 힘든 건지 알거든요. 아마 부모님 대부분이 알 겁니다. 다들 시험 기간이라는 걸 경험해봤고 그때 책상 앞에서 쏟아지는 잠에 내려앉는 눈꺼풀을 어쩌지 못해서 잠들어버리고, 그 바람에 시험을 망쳐본 적 있지 않나요? 그런데 마치 그런 건 모르는 사람들처럼 아이들이 알아서 공부하기를 바라다니요. 저도 제가 책을 펼친 지 30분 만에 잠든 기억이 있습니다. 그래서 아이 시험 기간에 아이 옆에서 책을 읽거나 수학 문제를 함께 풀면서 시간을 보내줬어요. 제 경험에 비춰 아이의 입장을 생각했던 겁니다. 딸아이가 지금까지 그걸 기억하고 이야기해주니 고마운 일이고, 그런 일련의 경험이 지금 우리 부녀 관계에, 소통에 아주 크게 이바지했다고 생각합니다.

법륜 스님의 『엄마 수업』이라는 책에 인상적인 내용이 있었는데요. 아이들을 야단치지 말고 나 자신이 아이였을 때 어떻게 했는지 생각해보라는 것이었습니다. 모든 엄마는 아이가 1등이 되길 원하고 우등생이 되기를 원하는데 본인은 그랬나요? 엄마 본인은 그러지 못했으면서 왜 아이한테는 강요하는 걸까요? 그걸 사랑이라고 말하는데 사랑이 아니에요. 집착일 뿐이죠. 아이 입장이 돼서 봐줘야 해요.

그 책에 이런 이야기도 있었습니다. 아이들을 키울 때 자신이 어렸을 때는 어땠는지 생각해보고 자신이 듣고 싶었던 이야기를 아이에게 해주라고요. 거기에서 나아가 내가 자랄 때와 아이가 자라는 지금이 다르다는 걸 알아야 한다고요. 정말 공감 가는 이야기였습니다. 부모인 내가 자랄 때 나는 안 그랬으니까 너도 그러면 안 된다고 하는 건 사실 말이 되지 않습니다. 시대가 달라졌잖아요? 요즘 많은 사람이 카페에서 공부하죠. 어떤 사람들은 그걸 보고 "아니 왜 조용한 집을 놔두고 밖에 나가서 공부해? 시끄러운 데서 무슨 공부가 돼?"라고 말하기도 하는데, 저는 그 말을 듣고 머리가 띵했어요. 30년 전에 제가 어머니에게 들었던 말과 다르지 않았거든요. 아니, 무슨 노래를 들으면서 공부를 해? 아마 많은 분이 학창 시절에 들었을 거예요. 마찬가지로 듣기 싫었을 거고요. 그런데 딸아이와 부딪치는 순간에는 역지사지가 안 되는 거죠.

아리스토텔레스의 수사학을 바탕으로 한 가장 기본적인 커뮤니케이션의 모델은 이겁니다

Sender → Message → Receiver

즉, 커뮤니케이션이란 전하는 사람이 던지고 싶은 메시지를 받는 사람에게 주는 것이에요. 다만 그냥 주는 게 아니라 리시버가 어떤 상태에 있는지에 따라 달라져야 합니다. 그러니까 소통을 위해서는 화살표 방향이 바뀌어야 하는 거죠. 자신이 던지고 싶은 메시지를 그냥 던지는 것이 아니라 받는 사람이 어떤 메시지를 원하는지 생각하며 소통해야 한다는 겁니다.

Sender ← Message ← Receiver

이것을 아주 극적으로 실천한 사람이 있는데 바로 『잃어

버린 시간을 찾아서』를 쓴 프랑스 소설가 마르셀 프루스트입니다. 프루스트는 대인공포증이 있었다고 합니다. 사람들에게 따돌림을 당할지도 모른다는 공포가 있어서, 대화할 때 자신의 머릿속에 있는 걸 이야기하는 게 아니라 상대의 머릿속에 있는 걸 끌어내려고 했다고 해요. 이것은 소통에 있어서 매우 중요한 포인트입니다. 사람들은 대부분 자신이 무엇을 말하고 싶다는 욕구가 더 강하고 상대의 이야기를 잘 듣지 않아요. 그러다 보니까 소통이 어려워집니다. 그 때문에 우리 사회에서는 의제 설정이 가능한 윗사람들만 말하는 풍토가 생겨난 것이고요. 오죽하면 회식을 '야근, 잔업'이라고 하겠습니까?

대화는 돌게 되어 있습니다. 특히 술자리에서의 대화는 흐르게 되어 있는데, 그 흐름을 막아버리는 게 팀장들 아닙니까? 팀장들을 대상으로 하는 어느 강의에서도 이야기한 적 있습니다. 인기 있는 팀장이 되고 싶으면 팀원들과 카페나 술집에 갔을 때 나서서 이야기하지 말라고요. 어떻게 해서든 아랫사람들이 편하게 말할 수 있는 분위기를 만들어주는 게 윗사람들이 할 일입니다. 그래야 서로 소통이 되니까요. 그러기 위해서는 요즘 영화는 뭐가 재미있어? 어제 드라마는 어땠어? 그래? 그렇구나, 하고 맞장구쳐주는 노력이 필요해요. 그렇게 말이 오가면서 서로를 이해하고 막힘없이 소통이 가능해지는 게 아닐까요?

: 두 번째, 문맥을 생각하자

소통을 방해하는 두 번째 문제는 상대에 대한 배려심이 없다는 것입니다. 이것은 문맥의 문제이기도 한데, 같은 말이라도 상대에 따라 문맥이 전혀 달라지기 때문입니다. 문맥을 잘 파악하는 건 지혜이고 센스입니다. 이 부분에 있어 남자들이 특히 취약하고, 여자들은 매우 뛰어납니다. 남자들이 상상하지 못할 정도로 뛰어나죠.

「오빠는 왜 그렇게 생각이 없어?」 칼럼에서 소개한 후배의 에피소드도 후배가 여자였기 때문에 가능했던 일이라고 생각합니다. 아마 남자들 대부분은 '상사가 커피를 부탁한 시간이 5시였고, 6시 30분에 식사 예약이 되어 있으니 허기만 살짝 달랠 정도인 머핀 한 개만 사야겠다'라고 '생각'하지 못할 거예요. 남자의 장점, 물론 있습니다. 남자들 대부분이 가진 단순함, 추진력, 돌파력, 좋습니다. 그런데 여자들처럼 문맥을 파악하는 힘은 덜합니다. 그래서 칼럼에도 썼듯이 저는 나이 들면서 중성화를 지향하고 있습니다. 남자의 장점을 놓치고 싶지 않고 여자의 장점도 갖고 싶어요.

여자의 장점은 특히 소통을 제대로 하는 데 꼭 필요합니다. 똑같은 이야기를 해서 욕을 먹을 수 있고 똑같은 이야기를 해서 칭찬받을 수 있습니다. 어떤 상황에서 말을 잘못하면 단순히 눈치가 없는 게 아니라 교양이 없는 걸로 비칠 수 있어요. 만날 때 어떤 대화를 나눠야 하는지에 대해 파악하는 능력, 이것은 눈치가 아니라 교양에 가깝습니다.

고려 성종 때의 외교가이자 문신이었던 서희(徐熙)의 담판 역시 문맥을 짚을 줄 아는 지혜가 있었기에 가능했습니다. 처음부터 요(遼)의 거란족은 우리를 칠 마음이 없었어요. 송(宋)을 치고 싶었죠. 그런데 송을 칠 때 우리가 움직일까 봐 80만 대군을 몰고 일단 우리나라로 내려온 겁니다. 그러니까 요의 장수 소손녕(蕭遜寧)의 목적은 우리를 치는 게 아니라 송을 정벌할 때 우리의 움직임을 묶어두려는 거였어요. 그래서 대군을 이끌고 내려와 왜 송과만 친하게 지내냐고 괜한 시비를 걸죠. 그때 전체적인 문맥을 제대로 파악한 서희는 너희와 친해지고 싶지 않아서가 아니라 가운데에 여진족이 있어서 그렇다고 답합니다. 그 말을 들은 소손녕은 여진족을 해치워 주고 서희는 강동 6주를 얻어 와요. 서희가 역사 속 협상의 귀재로 알려질 수 있었던 건 문맥을 제대로 파악했기 때문이었어요. 소통의 지혜가 있었던 겁니다.

: 세 번째, 생각을 디자인하자

그리고 마지막으로는 자기 생각을 좀 더 세련되게 전달할 필요가 있습니다. 전하고자 하는 바를 정확하게 전달하는 것은 주술 구조를 제대로 갖추고 문맥을 파악하는 것만으로도 어느 정도 가능합니다. 하지만 '아' 다르고 '어' 다르다는 말처럼 어떻게 말하느냐에 따라 말에 담긴 힘이 달라집니다. 그래서 생각을 디자인할 필요가 있는 겁니다.

사실 우리는 자기 생각을 정리해서 말하는 훈련이 잘 안되어 있습니다. 우리 문화가 논쟁의 문화가 아니기 때문인데요. 우리는 사색의 문화인 반면 서양은 논쟁의 문화죠. 서양에서는 초등학교 때부터 토론하고 논쟁합니다. 네 생각을 이야기해 봐, 너의 생각은 어때? 끊임없이 묻고 답합니다. 우리는 그런 게 없어요. 하지만 사색의 문화가 몸에 배어 있다 보니 좋은 시나 깊은 사유의 글이 많습니다. 이철수 판화가의 "사과가 떨어졌다. 만유인력 때문이란다. 때가 되었기 때문이지" 같은 문장은 사색의 힘이에요. 우리의 이런 장점은 가져가되, 소통을 위해서는 논쟁하는 법을 배울 필요가 있어요. 그런데 어려서부터 그 훈련이 안 되어 있으니까 말이 막히면 감정적으로 멱살부터 잡는 사람들이 나타나는 겁니다.

미국 대선 때마다 대통령 후보들이 토론하는 걸 보면 저러다가 누구 하나 죽겠다 싶을 정도입니다. 면전에서 막말에 가까운 이야기를 해대는데, 그래도 태연하게 서로 잘 받아치면서 자기 의견을 말하고 상대방을 이해시키고 설득하려고 해요. 그걸 보면 설득력은 그런 데서 나온다는 것을 알 수 있습니다. 그럼 생각을 디자인해서 말하는 것이 얼마나 큰 영향력을 가지는지에 대해 느꼈던 몇 가지 사례를 말씀드릴게요.

찰스 바클리라는 농구선수를 아시나요? 마이클 조던, 매직 존슨 등과 함께, NBA 최고의 황금기라고 하는 90년대를 주름잡았던 선수인데요. 바클리는 근성이 대단한 선수였고 '코트의 악동'이라는 별명을 가지고 있을 만큼 플레이가 매우 거칠었어요. 욕도 많이 먹었죠. 언젠가 내전을 겪고 있던 유고슬라비아가 NBA 대표팀과 친선 경기를 가진 적이 있어요. 당연히 NBA 대표팀이 이기는 게임인데, 그래도 친선 경기니까 넘어지면 서로 일으켜주고 공을 놓치면 허허 웃으면서, 반쯤 져주면서 게임을 했죠. 그런데 바클리는 이 경기에서도 난리를 쳤어요. 욕하고 몸싸움도 격하게 하고 상대 선수를 넘어뜨리는 등 있는 힘을 다해서 싸웠죠. 어디까지나 친선 경기였고 그것도 내전을 겪고 있는 나라의 선수들과의 경기였는데요. 어쨌든 경기가 끝나고 기자가 바클리에게 질문을 했습니다.

"당신은 온유함의 미덕을 믿지 않습니까?"

잠깐, 이 질문을 잘 보세요. 이 질문은 디자인된 질문입니다. 이 말은 내전을 겪고 있는 나라의 선수에게 어떻게 그렇게 과격한 플레이를 할 수 있는지 묻는 겁니다. '너무했다'라는 주관적인 생각을 표현하면서도 그걸 직접적으로 드러내지 않아요. 본인의 생각을 담으면서 상대의 생각을 묻고 있어요. 언어는 생각의 집입니다.

그 게임을 본 저는 기자의 질문을 듣고 공감했어요. '그래, 좀 봐주지. 자식이 정도 없이. 내전으로 힘든 선수들인데 쯧쯧.' 그런데 바클리는 0.1초의 고민도 없이 대답합니다. 그리고 저도 0.1초의 고민도 없이 바클리를 이해하게 됐습니다.

"온유함이 세계 평화를 가져올지 모르지만 나에게 공을 가져오진 않습니다."

맞잖아요? 바클리는 프로 선수입니다. 그는 프로 선수로서 최선을 다한 겁니다. 저는 바클리의 말에 바로 설득당했습니다.

비슷한 예로 미국 서부에 있는 어떤 여고 농구팀이 장애인 학교 농구팀과 게임을 했는데 100대 0으로 이겼습니다. 게임이 끝나고 너무 가혹했다는 이유로 여고 농구팀 코치가 잘렸고요. 이틀 후에 한 신문에서 코치를 인터뷰했죠. 코치가 말하길, "상대를 존중했기에 최선을 다했다"라고 했어요. 장애인 팀이라고 봐주는 게 능사는 아니죠. 자칫하면 그것이 오히려 예의가 아닐 수도 있고요. 배려가 아니라 값싼 동정이라 느껴질 수 있으니까요. 그들도 어디까지나 스포츠맨으로 임하는 경기였기에 코치의 선택은 '존중'의 차원이었던 겁니다. 이 모든 의미를 풀어서 설명하지 않아도 저 짧은 문장 하나로 다 말하고 있습니다. 이게 디자인된 말의 힘입니다. 그리고 이런 말이 사람의 마음을 움직입니다.

바클리의 말과 같은 경험은 우리도 했습니다. 2002년 한일월드컵 때 히딩크 감독이 한 이 말은 오래 회자됐었죠?

"나는 아직도 배가 고프다."

그즈음 아직 선수였던 홍명보 감독도 한마디 했었죠.

"국민이 무엇을 원하고 있건 우리는 그것보다 더 큰 꿈을 꾸고 있다."

참 멋지지 않습니까? 잘하긴 했지만 만족스럽지는 않다, 우리는 남은 경기도 이기고 싶다, 이렇게 직접적으로 전달하는 말보다 훨씬 가슴을 치고 마음을 움직이죠. 머릿속에 오래 남기도 하고요. 이럴 때부터 훈련받지는 않았지만 지금부터라도 하고자 하는 말을 디자인하는 연습을 해야 합니다. 언어의 집을 지어줘야 해요.

아카데미 시상식을 볼 때 가장 큰 즐거움은 수상자들의 수상소감을 듣는 겁니다. 시간을 내지 못해 놓치면 다음 날 신문 기사라도 꼭 읽습니다. 2012년 시상식에서는 작품상, 남우주연상, 감독상 등 다섯 개의 상을 탄 영화 〈아티스트〉가 단연 화제였어요. 1920년대 할리우드를 배경으로 한 흑백 무성영화인 〈아티스트〉는 그 시절을 대표하는 감독 빌리 와일더의 영향을 많이 받았는데, 감독 미셸 하자나비시우스는 수상소감에서 이렇게 말했습니다. "세 사람에게 감사를 전하고 싶네요. 빌리 와일더, 빌리 와일더, 그리고 빌리 와일더에게요. 감사합니다"라고요. 같은 자리에서 〈철의 여인〉으로 여우주연상을 탄 메릴 스트리프도 "마지막에 이야기하면 음악에 묻힐 수 있으니 먼저 남편에게 감사하고 싶어요"라고 유머를 던졌습니다.

오래전에 영화 〈타이타닉〉이 아카데미 시상식을 휩쓸었

을 때, 함께 노미네이트 됐던 영화가 〈이보다 더 좋을 순 없다〉였습니다. 그 영화의 주인공이 잭 니컬슨이었는데 마지막에 남우주연상으로 호명됐어요. 그때 잭 니컬슨이 수상을 위해 무대에 오르자마자 "조금 전까지 나는 침몰하는 줄 알았다"라고 말해서 모두 웃음을 터뜨리고 환호했던 기억이 납니다. 숀 펜이 〈밀크〉라는 영화로 상을 받았을 때도, 그 영화가 동성애자인 상원의원 이야기인데 로버트 드 니로가 시상하면서 "〈밀크〉 봤나요? 나는 그 영화를 보기 전까지 숀 펜이 이성애자인 줄 알았어요"라며 아주 위트 있게 이야기하죠. 객석의 모든 사람이 웃음을 터뜨렸고요.

우리의 수상소감은 대체로 좀 뻔한데 요즘은 조금씩 달라지는 것 같기도 합니다. 2020년 제92회 아카데미 시상식에서 봉준호 감독이 〈기생충〉으로 감독상을 받았을 때 수상소감 끝에 이런 이야기를 했었는데요.

> "함께 후보에 오른 분들 모두 제가 존경하는 멋진 감독들인데 오스카 측에서 허락한다면 트로피를 텍사스 전기톱으로 5개로 잘라서 나누고 싶은 마음이다."

이 말에 참석한 사람들이 모두 웃었어요. 그뿐만 아니라

이때 소감 발표 도중에 마틴 스코세이지에게 존경의 헌사를 보내자 관객석 전체가 기립해 스코세이지 감독에게 박수를 보냈고요. 센스와 위트에 더해 다른 감독들에 대한 존중의 태도를 엿볼 수 있었죠. 윤여정 배우도 〈미나리〉라는 작품으로 아카데미 시상식에서 여우조연상을 받고 이런 말을 했습니다. "우리는 각기 다른 영화의 다른 역할의 승리자입니다. 우리는 서로 경쟁할 수 없습니다." 윤여정 배우의 말에 함께 후보에 올랐던 다른 배우들이 감동하는 모습이 카메라에 잡혀서 한동안 회자됐고요. 디자인된 말은 이렇게 여러 사람을 즐겁게 하고 감동하게 합니다.

이 외에 또 제가 설득된 예를 하나 더 말씀드려볼게요. 저는 솔직히 조지 부시를 싫어합니다. 그 사람은 40대까지 알코올 중독이었고, 대통령이 되기 전까지 미국을 나가본 적이 없는, 믿기지 않는 이력이 있어요. 그가 대통령 후보로 나왔을 때 음주운전 경력까지 밝혀졌고요. 그 당시 기자가 당신의 음주운전 경력에 대해 어떻게 생각하느냐고 묻자 조지 부시가 이렇게 대답했습니다.

"나는 실수를 통해 많은 것을 배웠다."

우리나라 정치인들은 문제를 일으키고 나서 늘 기억이 안 난다고 하잖아요? 그런데 조지 부시의 답을 듣고 저는 고개를 끄덕였습니다. '그래, 나도 젊은 시절에 실수 많이 했지' 하면서요. 조지 부시가 대통령 후보였던 선거 때에 기막힌 문장이 또 하나 나왔는데 앨 고어와 조지 부시를 두고 어떤 상원의원이 누군가는 양보해야 한다는 말을 이렇게 표현했어요.

"지금 우리에게 필요한 것은 한 사람의 대통령과 한 사람의 영웅이다."

이런 말이 설득력이 있는 겁니다. 무턱대고 네가 양보해, 하는 것보다 훨씬 마음을 움직이죠.

극단적으로 우리나라 정치인의 발언과 런던 정치인의 발언을 비교해볼게요. 먼저 문민정부 시절 국무총리를 지낸 분의 일화인데, 이분은 원래 적십자 총재였다가 정치에 뛰어들어 국무총리가 된 사람입니다. 그런데 이분이 기자들과의 술자리에서 "정치판은 개판인데 왜 들어가려고 하냐고 하더라. 그런데 들어와 보니 진짜 개판이더라"라는 요지의 말을 했고, 다음 날 야당에서 난리가 났습니다. 정치판을 개판으로 인식하고 있는 국무총리와 국론을 논할 수 없다면서요.

그런데 그 비슷한 시기에 중앙일보의 한 섹션에는 이런 글이 실렸습니다. 지금도 또렷하게 기억이 납니다. 런던의 리빙스턴이라는 시장이 임기 중에 사임했는데 그 이유가 정치판이 엉망이었기 때문이었답니다. 단, 그는 기자의 질문에 그 누구처럼 이야기하지 않고 이렇게 말했습니다.

"정치는 어른들이 할 짓이 아닙디다."

자, '정치판은 개판이다'와 '정치는 어른들이 할 짓이 아니다' 어떤 것이 더 강하게 다가오나요? 후자가 더 그렇지 않습니까?

"길거리에서 개가 짖는다고 대꾸하지 않는다."

이 말은 프랑스에서 이슬람교와 기독교 간에 갈등이 있었을 때 이슬람을 비하하는 풍자 만화를 본 이슬람 교구장이 한 말입니다. 어떤 대응보다 힘 있는 한마디죠. 내 생각을 좀 더 설득력 있게 전달하기 위해서는 생각을 디자인해서 말하는 게 좋습니다.

이 세 가지를 정리하면 소통을 하기 위해서는 상대가 어떻게 생각할지 상대의 관점에서 헤아릴 줄 아는 마음이 있어야 하고, 자기 생각을 잘 정리해서 말함과 동시에 어떤 문맥으로 말해야 하는지를 파악해야 한다는 거예요. 여기에 힘을 싣기 위해서 지혜롭게, 생각을 디자인해서 말하는 것이 필요하고요. 세상에 공짜는 없습니다. 소통을 잘하고 싶으면 노력이 필요합니다. 역지사지, 문맥 파악, 생각을 정리해서 말하는 습관. 스케치할 때 형태를 잡는 데생이 필요하듯이 자기 생각을 데생해야 해요. 연습하고 말을 만들어보는 거죠. 하고 싶은 말이 있다면 정리해보고, 어떻게 하면 내 말이 설득력이 있을까 다시 한번 생각해봐야 합니다.

소통을 잘하는 방법

마지막으로 소통을 잘할 수 있는 훈련 방법 두 가지만 말씀드려보겠습니다. 할리우드에는 '7 Words Rule'이라는 게 있습니다. 너무 많은 사람이 시나리오를 가져오니까 투자를 받고 싶으면 자기 시나리오를 단 일곱 단어로 설명해보라는 건데, "전원 백수인 가족이 부잣집에 빌붙어 살려다 벌어지는 사건, 〈기생충〉" "형사가 살인 사건의 용의자인 여인에게 매

혹됐다고? 〈헤어질 결심〉" 이런 식으로 그림이 확 그려지도록 설명하라는 이야기입니다.

이 훈련을 한번 해보세요. 도움이 많이 될 겁니다. 미국에서 대학원에 다닐 때 논문을 쓰기 전에 먼저 자신이 하고 싶은 말을 딱 한 줄로 정리해보라고 했습니다. 그리고 그걸 세 개의 패러그래프로 써보고, 그걸 다시 챕터별로 나눠서 논문을 만들죠. 예외는 없습니다. 그러니까 이렇게 보면 됩니다. 내가 말하고 싶은 것이 일곱 단어로 정리되지 않는 건 아직 내 생각이 정리되지 않았다는 겁니다.

저는 이걸 광고 만들 때 적용합니다. 처음에는 어렵죠. 30분 정도 설명해서 이해시킬 수 있는 것을 딱 한 마디로 알아들을 수 있는 지점까지 계속해서 좁혀나갑니다. 이걸 생각의 증류라고 해요. 현상은 복잡하고 본질은 단순한 이 세상에서 단순한 본질을 뽑아내기 위한 증류 과정은 제가 일하는 업계에서 필수적인 일입니다. 여러분도 이런 생각의 증류 과정을 거쳐 이야기해보세요. 소통의 폭이 훨씬 넓어질 겁니다.

두 번째 말씀드릴 '맥킨지 룰'도 '7 Words Rule'과 비슷한데요. 늘 바쁜 CEO에게 보고할 시간을 못 잡고 있는데 내가 타고 있는 엘리베이터에 CEO가 탔어요. 엘리베이터는 15초 후에 문이 열린다고 가정하고, 거기에서 내 생각을 어떻

다른 사람을 먼저 배려하고,
문맥을 파악하고,
생각을 정리하는 습관을 가질 것.

게 말해서 CEO의 마음을 끌 것인지 생각해보라는 거죠. 예를 들어 "왜 지역별로 마케팅을 하십니까? 타깃별로 하십시오. 자세한 건 나중에 보고드리겠습니다"라고 말하면 누가 궁금해하지 않겠느냐는 겁니다. 그러니까 둥글게 가지고 있는 생각을 정리하는 습관을 기르고, 그걸 더 정리해서 증류해보세요. 거기에서 나오는 엑기스가 진짜 내 생각이 되어줄 겁니다.

공책을 가져가 찢는 친구를 만들어주셔서 감사합니다. 열일곱에 피 말리는 전쟁을 경험하게 해주셔서 감사합니다. 스스로 뛰어내리게 하사 경쟁자를 물리쳐주셔서 감사합니다.*

한 일간지에 실렸던, 고등학생이 내신제에 관해서 쓴 글입니다. 저는 한 번 읽고 지금까지 기억하게 됐어요. 사람을 움직이고 싶고, 주변에 영향을 주고 싶고, 세상을 변화시키고 싶다면 다른 사람을 먼저 배려하고 생각을 정리하는 습관을 지니세요. 그러면 여러분의 소통은 성공적일 겁니다. 여러분

* 「'고1의 반란'… '내신전쟁' 불만 폭발 … 집단행동 조짐」, 중앙일보, 2005. 05. 03, 백일현·이충형 기자.

은 누구나 세상을 변화시킬 수 있습니다. 사람의 마음을 움직이는 힘을 가졌어요. 소통을 잘하면 주변 사람들이 움직일 겁니다.

인생

人生

바람에 실려 가다 닿은 곳에
싹 틔우는 민들레 씨앗처럼

제가 가장 무서워하는 단어는 '인생'입니다. 마지막 시간의 주제로 '인생'을 선택하면서 고민도 많았습니다. 하지만 앞서 인생을 살면서 중요한 일곱 가지를 이야기한 마당에, 그보다 큰 틀인 인생 이야기를 빼놓을 수 없다고 생각했습니다. 물론 지금까지 이야기한 일곱 가지는 어디까지나 주관적인 선택이기 때문에 다른 기준과는 다를 수 있습니다. 그러나 제 삶의 큰 비중을 차지하는 단어들이었습니다.

　인생은 자존, 본질, 고전, 견(見), 현재, 권위, 소통이라는 싱싱한 재료를 담아낼 아름다운 그릇입니다. 다만 이 단어가 무섭도록 크게 느껴지는 이유는 이 단어 하나만 잘 알아도 세상을 제대로 살아나갈 수 있기 때문일 겁니다. 오늘은 지금까지의 재료들을 어떻게 이 그릇 안에 잘 정리해둘지를 이야기해볼까 합니다. 정리하는 시간인 만큼 그간 했던 이야기가 반복되기도 할 겁니다. 양해 바랍니다.

　소설가 박범신의 소설 『촐라체』에는 "길고 위험이 넘치는 전인미답(前人未踏)의 시간을 살아가야 할, 이제 겨우 스물한 살의 청년"*이라는 구절이 나옵니다. 전인미답, 아무도 걷지 않은 길을 걸어가야 하는 위험한 나이 20대. 그리고 30대, 40대, 50대……. 인생은 젊든 아니든 누구에게나 전인미답이 아닐까요? 그래서 늘 위험하지만 또 한편으로 매 순간 흥미진진한 것이 바로 인생일 겁니다.

　『촐라체』 속의 그 문장을 보고 참 좋은 표현이라는 생각이 들었습니다. 누가 내 인생을 살아봤겠어요? 비슷한 경험을 해볼 수는 있어요. 하지만 모든 인생은 다 다릅니다. 이 모퉁이를 돌면 다음 모퉁이에 무엇이 있을지 아무도 모르죠. 그래서 산다는 건 더 흥미롭고 즐거운 일입니다. 만약 모퉁이 다음에 기다리는 것이 무엇인지를 알고 산다면 다람쥐 쳇바퀴와 다를 게 없는 삶일 거예요.

　고미숙의 『나의 운명 사용설명서』에는 "지구는 탄생 이래 단 한 번도 동일한 날씨를 반복하지 않았다"**라는 문장이

＊　박범신, 『촐라체』, 문학동네, 2012.

있습니다. 봄에는 꽃이 피고, 여름은 눈부시고, 가을은 잎이 떨어지고, 겨울이면 눈이 오는 사계절을 매년 겪지만 그 어느 하루도 같은 날씨인 적은 없었습니다. 무심했지만 어떻게 보면 당연한 일이에요. 우리의 인생도 마찬가지입니다. 그러니 우리 앞에 마땅히 주어진 전인미답의 길을 즐겨야 합니다. 어차피 가야 하는 길 앞에서 망설이거나 두려워하기보다 설렘과 기대를 품고 걸어야 해요. 우리는 몇 번 단추를 누르면 어떻게 반응하고 어떤 결과가 딱 떨어지게 나오는 기계가 아니니까요.

그렇다면 가본 적 없는 전인미답의 길을 즐기기 위해 가장 중요한 것은 무엇일까요? 우리의 불완전함을 받아들이고 실수에 휘둘리지 않는 겁니다. 전인미답이잖아요. 실수할 수밖에 없습니다. 가본 적 없는 길입니다. 가본 적이 없는데 어떻게 완벽하겠습니까? 그러니 실수를 못 견디고 좌절하지 마세요. 나만 그런 게 아닙니다. 우리는 때로 훌륭한 누구의 인생은 이런 실수가 없을 것 같다고 생각하겠지만 전혀 아니에요. 전인미답, 누구의 인생이나 같습니다.

회사 후배가 결혼하면서 주례를 부탁한 적 있습니다. 주

** 고미숙, 『나의 운명 사용 설명서』, 북드라망, 2012. (2022, 개정판 출간)

례를 선다는 게 부담스럽기도 하고 부끄럽기도 해서, "만약 내가 한다면 파워포인트로 주례를 서야 할 테니 하지 않는 게 좋겠다"라고 완곡히 거절했습니다. 영 쑥스러웠지만 제 이야기를 듣고 싶다는 마음은 이해하기에 거절하고도 마음이 편치 않았는데 이 후배가 영상 메시지라도 한마디 남겨 달라면서 카메라를 들고 오더군요. 주례도 거절했는데 영상으로는 의미 있는 말을 남겨줘야 할 것 같아서 고민 끝에 이렇게 이야기했습니다.

"결혼 축하한다. 살다 보면 좋은 순간도 있고, 결혼식 자리에서 이렇게 말해 미안하지만 힘든 순간도 분명히 있을 거야. 좋을 때는 세상에 우리만큼 행복한 사람이 없다고 생각해. 우리만큼 축복받은 사람들은 없을 거라고 생각해. 로맨틱한 밤에는 이렇게 로맨틱한 밤을 경험한 사람은 인류사에 우리 외에는 없을 거라고 생각하고. 그리고 매우 힘든 날이 오면, 힘들겠지만 나만 힘든 게 아니라는 걸 생각해. 아무리 화목한 가정이라도 살면서 불가피하게 싸움은 벌어지고, 갈등은 일어나지. 그런 것을 거치지 않는 삶은 없어. 그러니 그때는 세상에 힘들지 않은 사람이 없다고 생각해 봐. 힘든 건 아무것도 아닌 것처럼, 좋은 건 평생 처음 보는 것처럼. 이게 지혜롭게 결혼생활을 하는 방법이야."

　결혼생활에 빗대어 이야기했지만 저는 이것이 인생에 있어서도 꼭 가져야 할 태도라고 생각합니다. 좋은 일이 있을 때는 행운이라고 굳게 믿고, 나쁜 일이 있거나 실수를 저지르면 흔히 있을 수 있는 일이라는 생각을 떠올리세요. 못된 성격 때문에 그런지 모르겠지만 연초 인사 중에서 "좋은 일만 생기세요"라는 말을 들으면 좀 어이없어요. 터무니없는 말이거든요. 인생에 어떻게 좋은 일만 생길 수 있겠어요? 그럴 수는 없습니다.

　하나 덧붙이자면 내 뜻대로 되지 않는 것에 너무 안달복달하지 않는 태도가 정말 지혜로운 삶의 태도라는 점입니다. 사람들 대부분은 실패는 나와 먼 이야기이고, 내 인생에 불행은 절대 일어나지 않을 것이며, 내 뜻대로 일이 풀릴 거라는 전제하에 살아갑니다. 그래서 실패하면 하늘이 무너진 것마냥 좌절하죠. 하지만 아쉽게도 인생은 종종 내 뜻과 무관하게 실패와 마주하게 됩니다. 그렇기 때문에 실패를 기본 조건으로 전제하면 작은 일에 흔들리지 않습니다.

　같은 맥락에서 하나 더 이야기하겠습니다. 오래전 촬영차 고창 선운산에 갔던 적이 있습니다. 그 길에 부지런을 좀 떨어서 아침 일찍 절에 다녀왔는데 산책 삼아 들른 절에서 커다란 돌에 새겨진, 보석 같은 글귀를 발견했습니다. '보왕삼매론'이라는 건데요. 첫 줄에 새겨진 '몸에 병이 없기를 바라지 마라'라는 문장은 단번에 제 마음을 사로잡았습니다. 쭉 한 번 소개하겠습니다.

> 몸에 병이 없기를 바라지 마라.
>
> 세상살이에 곤란함이 없기를 바라지 마라.
>
> 공부하는 데 마음에 장애가 없기를 바라지 마라.
>
> 수행하는 데 마(魔) 없기를 바라지 마라.
>
> 일을 꾀하되 쉽게 되기를 바라지 마라.
>
> 친구를 사귀되 내가 이롭기를 바라지 마라.
>
> 남이 내 뜻대로 순종해주기를 바라지 마라.
>
> 공덕을 베풀려면 과보(果報)를 바라지 마라.
>
> 이익을 분에 넘치게 바라지 마라.
>
> 억울함을 당해서 밝히려고 하지 마라.

중국 명나라 때 묘협이라는 스님이 불자들을 상대로 어려운 일을 당했을 때 마음을 어떻게 써야 할지를 당부한 글이라고 합니다. 그걸 바위에 새겨 놓은 것이었는데 이 글을 읽고 저의 뇌는 이른 아침부터 도끼에 찍힌 듯 강렬한 충격을 받았습니다. 첫 줄에서 그냥 손을 들었어요. 몸에 병이 없기를 바라지 마라, 바로 그 대목에서요.

우리는 몸에 병이 없기를 바라지만 그건 불가능한 일입니다. 인간의 몸은 유기체인데, 바이러스가 들어오고 나가고 나이 먹으면서 노화가 오는데 어떻게 병이 없겠습니까? 그런데 사람들 대부분은 병이 없는 상태를 자기의 기본값으로 삼아요. 병뿐만 아니라 모든 것을 자기가 정한 대로 설정해놓고 생각합니다. 하지만 인생은 마음대로 만질 수 있는 물건이 아닙니다. 어른들이 들으면 쓸데없이 젊은 사람들 패기 꺾는 이야기를 한다고 노여워할지 모르겠지만, 그 시절을 먼저 지나온 사람으로 고백하건대 인생은 절대 내 마음대로 주무를 수 없습니다.

한번은 잘 알고 지내는 어느 기업의 임원이 황당한 일이 있다면서 말을 꺼내더라고요. 그 당시 그분은 석 달 전에 이직한 상황이었어요. 회사를 옮기면서 1년 정도 새로운 회사에서 경험을 쌓고 그 후에 개인적으로 일을 시작해보기로 계획을 세웠답니다. 그런데 옮긴 지 석 달 만에 회사가 인수돼버렸어요. 생각지도 못한 일이 벌어진 거죠. 1년 동안 경험을 쌓아 자기의 일을 해보겠다는 계획이 물거품 된 거예요. 일이 이렇게 흘러갈 줄 누가 어떻게 알았겠어요.

한번 생각해봅시다. 이 상황에서 그 사람이 잘못한 게 있나요? 실수한 게 있습니까? 그러리라고 예측하지 못한 게 실수였나요? 아닙니다. 그건 누구도 할 수 없는 거예요. 어쩔 수 없는 겁니다. 사회 경험이 풍부한 임원이라도 예측하고 계획해서 피해갈 수 없어요.

인생은 개인의 노력과 재능이라는 씨줄과 시대의 흐름과 시대정신 그리고 운이라는 날줄이 합쳐서 직조됩니다. 하지만 많은 사람이 자신의 의지와 노력과 재능이라는 씨줄만 생각하고 미래를 기다립니다. 부딪히는 날줄의 모양새는 생각도 하지 않고 말이죠. 이 씨줄과 날줄의 비유는 故 박완서의 『그 산이 정말 거기 있었을까』에서 힌트를 얻었습니다. 작가의 자전적인 이야기이기도 한 이 책의 '작가의 말'에 실린 "내가 살아낸 세월은 물론 흔하디흔한 개인사에 속할 터이나 펼쳐 보면 무지막지하게 직조되어 들어온 시대의 씨줄 때문에 내가 원하는 무늬를 짤 수 없었다."[*]라는 문장을 읽고 맞는 말이라고 생각했습니다.

[*] 박완서, 『그 산이 정말 거기 있었을까』, 웅진지식하우스, 2005. (2021, 개정판 출간)

이야기가 나온 김에 박완서의 예를 들어볼게요. 그는 여자들이 고등학교에 가기도 힘들던 시절에 숙명여고를 거쳐 서울대에 입학했어요. 그야말로 엘리트였죠. 그런데 대학 생활을 즐겨보기도 전에 전쟁이 납니다. 대학 생활에 대한 모든 기대와 꿈은 폭격과 함께 산산이 부서지죠. 의지와 상관없이 인생에 전쟁이라는 험한 날줄을 만나게 된 겁니다.

거기에 비하면 지금 이 시대는 순한 날줄을 가지고 있습니다. 물론 저의 세대보다 여러분의 날줄이 더 험하다는 건 인정합니다. 생각해보면 제 세대가 제일 운이 좋았던 것 같아요. 한참 경제가 성장하던 사회 분위기에서 막 사회생활을 시작했으니까요. 기회가 널려 있었죠. 제가 젊었던 시절에는 정치적으로 힘들기는 했지만 그래도 대학을 졸업하고 꿈을 펼쳐보자는 희망이 있었습니다. 지금은 어떤가요? 이미 오래전부터 젊은 사람들에게 대학 졸업은 공포라는 이야기를 들어왔어요. 그런 이야기를 들을 때마다 참 슬퍼요. 팽창하던 사회가 정체기를 맞으면서 오는 어쩔 수 없는 현상이라고 하기엔 만만치 않은 날줄의 시대지요.

인생은 내가 생각한 방향대로 흘러가지 않는다

그런데 말입니다. 태어나는 시점을 우리 마음대로 선택할 수는 없지 않습니까? 그럴 수 있다면 누구나 내 씨줄을 잘 받쳐줄 만한 날줄의 시대를 골라 태어나겠죠. 그러나 그럴 수 없으니 험하면 험한 대로, 순하면 순한 대로 날줄을 잡고 튼튼하게 직조해야 합니다. 이런 삶의 태도를 직업정신으로 가장 잘 보여주는 사람이 바로 요리사입니다.

언젠가 어느 저녁 만찬에 초대된 적이 있는데, 그 만찬의 요리사는 프랑스인이었고, 메뉴는 프랑스식 코스 요리였어요. 전채 요리 뒤에 나온 메인 요리는 살짝 구운 제주 은갈치를 올린 리소토였습니다. 아주 맛있었습니다. 식사하면서 들으니, 프랑스 요리사가 메뉴를 구상하기 전에 그 시기의 한국 음식 재료 중 좋은 것이 무엇인지 물었답니다. 『나의 운명 사용설명서』에는 여러 가지 일을 능숙하게 처리하는 사람은 '좋은 재료'로 작품을 만드는 게 아니라 그날 그 현장에 있는 것을 활용해 최고의 예술품을 만들어낸다는 이야기가 있습니다. 그 요리사가 '나는 완벽한 프랑스 요리를 하는 요리사니까 프랑스의 식자재를 공수해 요리하겠다'라고 했다면 냉동 푸아그라나 에스카르고를 맛봐야 했을 겁니다. 그러나 그 요리사는 이 땅에 있는 좋은 것을 먼저 찾았던 거죠. 눈앞에 있는 무기가 무엇이냐를 잘 고른 겁니다.

『나의 운명 사용설명서』를 예로 든 김에 이 책을 통해 알게 된 것을 한 가지 더 언급하자면, 고미숙 씨는 이 책에서 프랑스의 저명한 인류학자 레비스트로스가 원주민을 연구하고 쓴 여러 저서 중 『야생의 사고』 이야기를 하는데요. 그에 따르면 원주민들이 인정하는 '장인'이란 힘이 세거나 많은 걸 가진 사람이 아니라 '주어진 조건 안에서 최상의 작품'을 만들어내는 사람이었다는 겁니다. 즉, 이 이야기는 어찌 보면 첫 강의, 〈자존〉에서 이야기한, 물살을 이용했던 이순신 같은 사람일 겁니다. 주어진 상황과 조건을 활용해 눈앞의 문제를 해결해내는 사람인 것이죠.

요즘처럼 날줄이 호락호락하지 않은 시절에는 이런 삶의 태도가 절실합니다. 민들레 씨앗은 바람에 실려 날아가다 닿은 곳에 뿌리를 내리고 싹을 틔울 거예요. 양지바르고 촉촉한 땅 위에 닿고 싶을 겁니다. 하지만 어디에 닿을지는 누구도 알 수 없죠. 바위틈에 내려앉을 수도 있고 보도블록 틈에 떨어질 수도 있어요. 원하지 않는 곳에 내려앉은들 어쩌겠습니까. 닿은 자리에 뿌리를 내리고 싹을 틔울 수밖에요. 우리도 그렇게 시작해야 할 필요가 있습니다. 1년 동안 회사 잘 다니고 경험을 쌓아 창업해야지, 생각했지만 그전에 회사가 팔렸어요. 어쩌겠습니까? 그게 인생인 것을요.

첫 시간 〈자존〉 강의에서 언급했던 정혜윤 PD의 『여행, 혹은 여행처럼』에 실린 인터뷰 중에는 강판권 씨 외에도 주목할 만한 사람이 있습니다. 송규봉 씨인데요. 송규봉 씨는 지도 제작자이자 지리정보시스템 분석가입니다. 이분의 삶을 조금 따라가 보겠습니다.

벌교에서 태어난 송규봉 씨의 어린 시절 목표는 순천고등학교에 진학하는 것이었습니다. 비평준화 지역인 순천에서 최고의 고등학교로 꼽히는 순천고등학교는 매년 졸업생의 대부분이 명문 대학에 진학하는 명문 고등학교입니다. 하지만 바람과 달리 그는 순천고등학교에 떨어져 다른 학교에 진학합니다. 그러나 순천고 학생들과 다른 교복을 입고 버스를 타는 게 지옥 같았고 결국 재수해서 순천고등학교 학생이 됩니다. 성취감은 있었죠. 하지만 아주 잠깐이었어요. 인생이 만만하지 않다는 걸 알려주듯이 또다시 의도하지 않은 길에 들어섭니다. 이번에는 대학 진학이 마음대로 되지 않았죠. 서울대에 가고 싶었으나 경희대 국문과에 진학하게 된 겁니다.

국문과에 진학해 잠시 시인을 꿈꾸기도 했지만, 사회의 불합리한 것들이 눈에 들어오면서 운동권 학생이 됩니다. 좋은 시인이 되려면 사회가 바뀌어야 한다고 생각했고, 마침내 총학생회장이 돼 전국 대학생 대표자 협의회 소속으로 학생 운동을 하다가 감옥에 들어갑니다. 의정부에서 실형을 살다가 대통령 취임 특사로 나온 그는 더는 불안하게 살기 싫어서 운동권으로 돌아가지 않습니다. 그 이후 공부를 더 해야겠는데 시골집에 돈을 보내달라고 할 수 없어서 대학교 식당에서 설거지 아르바이트를 하면서 돈을 모으죠. 후배들이 와서 그래도 한때 총학생회장이었던 사람이 뭐 하냐며 설득했지만 지나온 길로 돌아가지 않습니다. 우여곡절 끝에 졸업하고, 어쩌면 당연하게도 취업이 잘 안 됩니다.

그런데 보습학원에서 국어 교사를 하고 있던 그에게 故 김근태 의원 캠프에서 손을 내밉니다. 인생의 큰 기회였죠. 하지만 그 기회가 인생을 변화시키진 못합니다. 김근태 의원을 도와주다가 외교통상부 소속이 됐는데 영어를 못 하니까 아무것도 안 되더라는 겁니다. 이후 송규봉 씨는 기회를 잡지 못한 것이 영어 때문인 것 같기도 하고, 마침 유학을 떠난 친구들도 있어서 모아놓은 돈을 전부 털어서 유학을 떠납니다.

그리고 어느 날, "그런데 드디어 2학기 때 그렇게 고대하던 세상을 보는 새로운 창을 발견했습니다"라는 그의 말처럼 '지리정보시스템'이라는 수업을 들으면서 자신과 가장 잘 맞는 학문을 찾아냅니다. 그래서 공부를 시작하고 결국 전문가가 되죠. 미국 펜실베이니아 주립대학 석사과정을 거쳐 필라델피아 주립대학에서 공부를 계속하면서 필라델피아에 있는 GIS 연구소에서 연구원으로, 하버드대학교에서 GIS 컨설턴트로 일했고, 현재는 연세대학교에서 강의도 하고, GIS 분석가로 활동하고 있다고 합니다.

모든 인생은 의도한 대로 되지 않습니다. 그러니 남들의 영웅담은 내 이야기가 될 수 없습니다. 우리는 어린 시절부터 수많은 영웅담을 들어왔습니다. 다른 사람의 이야기를 들으면 나도 영웅이 되고 싶어져요. 하지만 그 영웅이 쓴 무기는 이미 없거나 내가 가질 수 없는 것이에요. 이순신은 물살을 보고 그것을 이용해 한산대첩에서 승리합니다. 그런데 우리에게도 이순신의 물살이 나타날까요? 인생은 똑같이 반복되지 않습니다. 모든 인생은 전인미답이에요. 인생에 공짜는 없어요. 하지만 어떤 인생이든 어떤 형태가 될지 모르지만 반드시 기회가 찾아옵니다. 그러니 이들처럼 내가 가진 것을 들여다보고 잡아야 합니다. 그리고 준비해야 하죠. 나만 가질 수 있는 무기 하나쯤 마련해놓는 것, 거기에서 인생의 승부가 갈리는 겁니다.

기필을 버릴 것

집 앞 화단에 대추나무 한 그루가 있습니다. 대추나무는 꽤 크게 자라기 때문에 평평한 땅에서 커야 좋아요. 그런데 그만 씨앗이 좁은 땅에 떨어져버렸습니다. 이제 어쩔까요? 좁은 땅에 떨어져버렸다고 대추나무가 자살하겠습니까? 아닙니다. 최선을 다해 올라와 싹을 틔울 겁니다. 삐뚤어지고 꺾이겠지만 거기에서 최선을 다해 살 겁니다. 원하는 방향으로 인생이 흘러가지 않는다고 해서 지레 포기하고 주저앉을 필요는 없습니다. 씨줄과 날줄이 함께 직조되는 게 인생이니까요. 꿈과 희망의 여지를 남겨둘 줄 알아야 합니다.

그런 의미에서 저는 고등학생이나 대학생들이 광고인이 꿈이라고 말하면 일단 그 꿈을 접으라고 합니다. 특히 고등학생이라면 너무 빨리 직업을 좁게 정해두었다고 말해줍니다. 냉정하게 말해서 그 고등학생이 광고인이 될 확률이 얼마나 될까요? 고등학생 때부터 광고에 목숨 걸겠다고 다짐했다가 광고인이 안 될 경우 밀려오는 좌절감은 어쩔 겁니까? 인생은 마음대로 주무를 수 없으니 스트라이크존을 넓혀놔야 합니다.

제 경우를 예로 들면, 저는 '신문 기자 괜찮고, 잡지 편집 인생은 내가 생각한 방향으로 흘러가지 않는다.
하지만 훌륭할 수 있다.
내가 생각한 방향에만 답이 있는 것은 아니다.
답은 모든 방향에 있다. 순간순간에 집중할 일이다.

자 괜찮고, 책 만드는 사람 괜찮고, 내가 재능이 있다면 시나 소설을 써도 좋겠고, 르포라이터 괜찮고, 구성 작가 괜찮고, 영화 시나리오를 쓰거나 감독도 좋고, 게임 프로그램을 짜도 괜찮겠네?'였습니다. 그 안에 광고도 포함돼 있었고요. 물론 우선순위가 분명하게 있었고 순위에 따라 차례차례 도전했죠. 배재고등학교 신문사 편집장으로 활동했던 것을 계기로 신문방송학과에 들어갔고 대학교에 다닐 때도 학교 신문사 편집장을 했습니다. 10년 넘게 신문만 생각했고, 신문 기자가 꿈의 최우선 순위였습니다. 하지만 안 됐죠. 그때는 매우 아쉬웠지만 돌이켜보니 오히려 잘된 일이었어요. 시대의 흐름이 많이 달라져서 광고인의 삶이 나쁘지 않은 시대가 되었으니까요.

모든 인생이 최선만을 선택할 수 없습니다. 저는 대학도, 직업도 차선, 차차선의 선택을 한 사람입니다. 돌이켜보면 인생의 선택이 주로 그랬습니다. 그런데 여러분, 제일 나은 선택을 했다고 해서 그 인생이 성공한 인생이라고 누가 보장할 수 있습니까? 때로는 차선에서 최선을 건져내는 삶이 더 행복할 수 있습니다. 저는 차선에서 최선을 다하는 삶을 살았고 지금의 삶에 만족하고 있습니다.

"기필(期必)을 버려라"라는 이야기를 들은 적이 있습니다. 살면서 늘 기필코 이루어내라는 말만 들어왔는데 기필을 버리라는 말은 신선한 충격이었습니다. 그래요, 인생은 '기필코' 되는 게 아닙니다. 뭔가를 이루려고만 하지 말고 흘러가 보기도 하세요. 저는 종종 젊은 사람들에게 '꿈꾸지 마라'라고 이야기합니다. 우리 제발 꿈꾸지 말고 삽시다. 꾸려면 오늘 하루를 어떻게 잘 살지, 그런 작은 꿈을 꾸면서 삽시다. 교수가 되고 말겠어, 큰 사람이 될 거야, 꼭 대기업에 취직해 임원이 되겠어, 연봉 3억을 받겠어, 이런 꿈 좀 꾸지 말고 말입니다.

영화평론가 이동진 씨는 자신의 책 『밤은 책이다』에서 "하루하루는 성실하게 살고 싶고, 인생 전체는 되는대로 살고 싶다"[*]라고 말했습니다. 이건 말 그대로 지혜입니다. 맞습니다. 하루하루는 성실하게 살고, 인생은 되는대로 살아야 합니다. 성실하게 산 하루하루의 결과가 인생이 되는 겁니다. 꿈꾸지 말라고 해서, 날줄이 험할 수 있다고 해서 그냥 놀고먹으라는 이야기가 아닙니다. 거듭 말씀드렸듯이 무엇이 본질적인 것인지, 고전이 왜 중요한지, 발견하는 것이 왜 필요한지를 생각하며 지혜롭게 하루하루를 쌓아나가야 합니다. 이렇게

---

[*] 이동진, 『밤은 책이다』, 위즈덤하우스, 2011.

하루하루를 꽉 채워 살다가 돌아보면 펼쳐져 있는 게 인생이지, 단 하나의 목표를 이루기 위해 하루하루를 허술하게 보내는 건 의미가 없습니다.

물론 인생의 목표를 세우고 그걸 이뤄내 성공한 사람들도 많습니다. 하지만 문제는 그 사람들이 하루하루를 성실하게 산 사람들보다 행복하지 않을 확률이 높다는 겁니다. 기계처럼 목표를 이루고 다음 발걸음을 못 내딛는 사람들이 많아요. 하루가 멀다 하고 터져 나오는 사회 고위층, 지식층의 문제들 어떻습니까? 목표치를 달성하는 것과 행복은 별개입니다. 목표를 세우고 이루지 못하더라도, 그럼에도 불구하고 행복하게 살 수 있습니다. 나의 그 많은 단점에도 불구하고, 만족스럽지 않은 외모에도 불구하고, 표현할 줄 모르는 유머 감각에도 불구하고, 양지바른 땅에 씨앗이 닿지 않았음에도 불구하고, '나는 나'라는 자존을 가지고 나의 장점을 실현해나간다면 말이죠.

여러분은 모두 뇌관이 발견되지 않은 폭탄이고, 뇌관은 바깥이 아닌 바로 나 자신 안에 있습니다. 이걸 믿으세요. 모든 사람은 때가 되면 엄청난 화력으로 터질 만큼 커다란 잠재력을 가지고 있습니다.

인생을 잘 살아갈 수 있는 세 가지 팁

마지막 시간이니 제 딸에게 알려준 인생의 세 가지 팁을 말씀드리겠습니다. 전인미답의 인생이지만 이걸 알고 간다면 적어도 조금은 수월하지 않을까 해서 아이가 자랄 때 늘 해주던 이야기들입니다.

첫째, 인생에 공짜 없습니다. 어느 인터뷰에서 기자가 딸아이에게 아빠에게 들은 이야기 중에 어떤 게 제일 기억에 남느냐고 물으니까 '인생에 공짜는 없다'를 말하더군요. 말 그대로 인생에 공짜는 없습니다. 〈현재〉에 대한 강의에서 나폴레옹 이야기를 했었죠? '지금 내가 겪고 있는 불행은 언젠가 내가 잘못 보낸 시간의 결과다.' 이걸 믿어야 할 것 같습니다. 왜 하루하루 성실하게 살아야 하느냐? 이 하루하루가 쌓여서 언젠가 내 인생으로 돌아오기 때문입니다. 지금 내가 잘 보낸 시간은 긍정으로 돌아오고, 지금 잘못 보낸 시간은 부정으로 돌아온다는 걸 염두에 두고 하루하루를 살아야 합니다.

그런데 하루하루 성실하게 살면서 한 가지 함정에 빠지지 말아야 할 것이, 나는 성실하게 잘살고 있는데 아무도 나를 도와주지 않고 기회도 나를 비껴간다고 생각하는 것입니다.

불환인지불기지 환기무능야(不患人之不己知 患其無能也).

『논어』에 나오는 말입니다. 남이 나를 알아주지 않는다고 걱정하지 말고, 내가 능력이 없음만을 걱정하라는 뜻입니다. 기회는 옵니다. 제가 보장합니다. 보장이라는 단어는 잘 쓰지 않는데 자신 있게 말할 수 있는 이유는 이것이 사실이기 때문입니다. 저뿐만 아니라 많은 사람이 수많은 책 속에서 그렇게 이야기할 겁니다. 인생에 기회는 옵니다. 반드시 올 것이고, 준비된 사람이라면 그걸 잡을 겁니다. 저도 여러 번의 기회가 왔었습니다. 그리고 몇 가지 기회를 놓쳤죠. 처음 취업할 때 도전했던 신문 기자, 방송국 PD가 될 기회는 준비가 덜 돼서 놓쳤습니다. 그리고 이 일을 하면서도 놓친 기회들이 몇 됩니다. 그중에서 국제 광고 무대에서 뛸 기회를 놓친 기억이 납니다.

이건 지금 생각해도 다른 여지없이 준비가 부족해서 놓친 기회인데, 유학을 다녀온 뒤 2000년에 아시아퍼시픽 광고제 심사에 나갔습니다. 2002년에 칸 광고제 심사를 했고요. 그 광고제들을 통해 외국의 광고인 친구를 많이 사귀었는데 어느 날 영어 강연을 해달라는 요청을 받았습니다. 영어가 능숙하지 못한데 내 영어로도 괜찮을지 물으니, 강연을 요청한 친구가 자기가 보기엔 아무 문제가 없다고 해서 일을 진행했습니다.

　말레이시아에서 하는 강연이었고, 청중이 4백 명 정도 있었습니다. 강연은 무척 성공적이었어요. 저 외에도 세 명의 연사가 더 있었는데 강의가 끝나고 제 앞에만 사인 줄이 길게 설 정도였죠. 기회를 잡은 듯했습니다. 그리고 또다시 기회가 왔습니다. 이번엔 일본인 친구가 프랑스 칸에 와서 강연해달라고 요청해왔어요. 칸은 말하자면 광고의 메카입니다. 세계 무대에 안착할 기회가 될 일이었죠. 그런데 그곳에서의 강연은 반응이 썩 좋지 않았습니다. 한마디로 별로였어요. 이유는 두 가지였는데, 하나는 영어였고 또 하나는 제가 던지는 콘텐츠의 문제였습니다. 광고를 만드는 사람의 강연이니 광고를 보여줘야 하는데, 한국에서 광고를 보여주면서 하는 강연은 힘들지 않게 할 수 있습니다. 영상을 보여주면 다 공감하니까요. 하지만 해외에서 광고에 대해 소통하려면 국제적으로 공감되는 무엇인가가 있어야 했어요. 말하자면 그들이 공감할 수 있는 뛰어난 유머 감각이나 수상 경력 같은 게 있어야 하는데 그런 게 없었죠. 강연을 그럭저럭 마쳤고, 다음에 또 한 번의 연락이 와서 인도에서 강연했지만 그걸로 끝이었습니다. 기회를 놓친 거죠. 만약 제 영어가 유창했고, 제가 만든 광고가 광고제에서 상을 받았다면, 혹은 공감할 수 있는 유머가 있었다면 세계 광고 무대에서 일하는 다른 인생이 펼쳐졌을 겁니다. 그러나 그 기회는 사라졌죠.

영어도 마찬가지입니다. 제가 유학을 떠난 건 30대 중반이었습니다. 영어가 편하지 않은 아내와 여섯 살 난 딸과 함께 떠났어요. 유학 생활을 하면서 영어 실력을 키우려면 수업을 마치고 외국인 친구들과 함께 어울려야 합니다. 그런데 그때 제 조건은 그럴 수 없었어요. 만약 20대 후반이나 30대 초반에 혼자 가서 맨해튼에 머물렀으면 지금보다는 훨씬 나은 영어를 구사할 수 있었을 겁니다. 외국인 친구들과 많은 시간을 보내면서 영어에 좀 더 익숙해질 수 있었을 테니까요. 그러나 그때 저는 아내와 딸이 있는 가장이었고, 친구들과 어울려 영어 실력을 키우기보다 가정을 선택했습니다.

그럼 이번에는 기회를 잡은 경우를 말씀드려볼까요? 그 기회들을 놓친 후 회사를 옮겼을 때 다시 기회가 왔습니다. 그건 놓치지 않았어요. 한국에서 광고를 만드는 것에 대한 준비는 잘되어 있었으니까요. 2005년도에 아홉 개의 프레젠테이션에서 아홉 개를 모두 따냈습니다. 그때 나온 캠페인이 사람들이 기억하는 것들입니다. '사람을 향합니다' '생활의 중심' '정말이지 놀라운 이야기', 네이버 캠페인 등이 그때 나온 것들이죠. 그 기회는 놓치지 않았습니다.

살다 보면 기회는 분명히 옵니다. 믿으세요. 그러니까 한탄하지 말고 준비해놓으세요. 그러면 빛을 발할 때가 옵니다. 몇몇 젊은이들이 취직을 기회로 보는데 취직이 꼭 기회라고 말할 수는 없습니다. 앞서 이야기한 임원의 경우처럼 취직은 기회가 될 수도 있고 위기가 될 수도 있어요. 기회는 그런 것이 아니에요. 불환인지불기지 환기무능야(不患人之不己知 患其無能也), 내가 준비만 잘하고 있다면 남들이 알아줍니다. 인생은 공짜가 없으니까요.

두 번째, 인생은 마라톤입니다. 이 이야기는 딸아이가 중학생 때 해줬던 건데, 성적은 상위권이었지만 1등은 아니었던 딸아이가 어느 날 좌절하더라고요. 늘 1등을 하는 친구가 있는데 자기는 아무리 열심히 해도 그 친구만큼 잘하지 못한다면서요. 그때 이야기해줬어요.

"너는 42.195km를 달려야 하는 게임을 하고 있지 100m 달리기를 하는 게 아니야. 네가 지금 열다섯인데 그럼 몇 킬로미터 지점을 달린다고 생각해? 이제 5km 정도를 지나고 있는 걸 텐데 이 지점에서 그 친구가 너를 앞서간다고 해서 승부가 끝난 건 아니지. 그러니까 평상심을 잃지 말고 기죽지 말고 네가 할 수 있는 걸 해. 더 달리다 보면 네가 앞서가는 레이스가 올지도 모르고, 다시 뒤처질 수도 있고, 그러다 앞서 달릴 수도 있어. 그게 마라톤이야. 한 번 이겼다고 자만하지 말고 한 번 졌다고 기죽지 마. 마라톤은 완주만으로도 충분히 아름다울 수 있어."

권위에 대해 강의하면서 말했던 문턱 증후군 때문에 우리는 인생을 너무 전력 질주하려고 하죠. 어느 대학에 가고 어떤 직업을 가지면 경주에서 앞선다고 생각해요. 그런데 그게 아니잖아요? 그렇다고 해서 그 인생이 전부 행복하지는 않잖아요. 인생은 그렇게 쉬운 게임이 아니에요. 그러니까 일희일비하지 말았으면 좋겠어요.

90년대 중반에 농구 붐이 일었을 때, 연세대와 고려대의 게임은 정말 볼 만했어요. 그런데 그때 보면 늘 고려대가 1, 2점 차로 져요. 78대 76, 64대 61 이런 식으로 아쉽게 패하죠. 저는 그걸 미시적 우연이고 거시적 필연이라고 보는데 우리 인생사가 거시적 필연이잖아요? 기회가 오는 건 거시적 필연이에요. 나보다 잘난 것도 없는 것 같은데 저 친구 잘나가네, 이것은 미시적 우연이고 내가 실력을 키워 분명히 만나게 되는 기회는 거시적 필연이에요. 그런데 그렇다고 한들 매번 그렇게 지니까 얼마나 억울해요. 현주엽 선수가 대학 1학년 때쯤인 것 같은데, 어느 경기에서 또 그렇게 아쉽게 패하고 선수들이 다 코트에 누워서 울었어요. 어떤 선수는 농구대를 붙잡고 울더라고요. 그런데 현주엽 선수가 선배들 어깨를 툭툭 치면서 위로하는데 참 멋져 보였어요. 졌다고 해서 세상이 끝난 것처럼 슬퍼할 필요는 없어요. 마라톤이니까요.

"우린 언제든지 이길 수 있다. 우린 언제든지 질 수 있다."

경쟁 프레젠테이션에서 진 날 팀원들에게 하는 이야기입니다. 우리는 언제든지 이길 수 있고, 또 우리는 언제든지 질 수 있습니다. 물론 이렇게 생각하는 게 쉽지 않다는 거 압니다. 이기면 다시는 지지 않을 것 같죠. 한 세 번 정도 이기면 우리 팀은 지는 팀이 아니라고 생각해요. 오만한 생각입니다. 반대로 세 번 정도 지면 열패감에 휘둘려서 뭘 해도 안 된다고 생각하게 됩니다. 어렵지만 늘 잊지 말아야 해요. 언제든지 이기고, 또 질 수 있다는 사실을. 인생이라는 마라톤에 임할 때는 일희일비하며 흔들리지 말고 묵묵히 내가 생각하는 본질이 무엇인지, 내 안에는 실력이 있다는 자존을 가지고 'Be Yourself' 하는 게 제일 잘 사는 방법인 것 같아요.

그리고 마지막, 인생에 정답은 없습니다. 이 말은 딸아이는 물론 후배들에게도 자주 하는 이야기입니다. 언제부터인가 후배들이 찾아와서 인생의 선택에 관해 묻습니다. 그런데 제가 어떻게 알겠어요. 각자의 사정에 맞는 선택이 있겠죠. 하지만 일단 이야기를 들어줍니다. 그러면서 살펴보면 대부분 자기 마음속에 답이 있고, 그 이야기를 해주기를 기대해요. 이런저런 대화를 나누면서 상대가 진짜 원하는 답이 뭔지 알게 되면 그 답에 힘을 실어주고 밀어붙여 줍니다. 제가 할 수 있는 일은 거기까지죠.

　많은 후배가, 학생들이, 젊은이들이 정답을 찾고 있는 것 같습니다. 하지만 인생에 정답은 없습니다. 말씀드렸죠. 인생은 전인미답이잖아요. 어찌 알겠어요. 그 사람과 결혼해서 행복할지 아닐지 아무도 모릅니다. 답을 찾지 마세요. 모든 선택에는 정답과 오답이 공존합니다. 지혜로운 사람들은 선택한 다음에 그걸 정답으로 만들어내고, 어리석은 사람들은 선택을 후회하면서 오답으로 만들죠. 후회는 또 다른 잘못의 시작일 뿐이라는 걸 잊고 말입니다.

　다시 한번 이야기하지만 인생에 정답은 없습니다. 다만 정답으로 만들어가는 과정만 있을 뿐입니다. 그러니까 어떤 문제에 직면했을 때 판단을 잘해야 합니다. 자신이 할 수 있는 가장 현명한 판단을 신중하게 하고 그다음에 셔터를 내리세요. 그 셔터는 열 수 있는 문이 아니고 벽이라고 생각해야 합니다. 광고인이 되고 3년 후쯤 차차선의 선택이 아쉬워서 이직을 생각했다가 잘되지 않았어요. 그 이후로 저는 셔터를 내렸습니다. 옆을 보지 않았죠. 그리고 제가 할 수 있는 최선을 다해 광고인으로 살았습니다.

언젠가 회사에서 열린 송년의 밤에서 2백여 명의 직원 중 '광고가 아니면 어쩔 뻔했어?'에 걸맞을 만한 사람을 뽑는 행사에서 제가 2위를 했습니다. 1위 자리를 내준 사람은 재미있게도 1년 차 친구였고요. 그래서 이게 칭찬이냐 욕이냐 하면서 깔깔댔던 기억이 납니다. 그날 밤 집에 돌아가서 집사람에게 그 이야기를 했더니 집사람이 말하기를, "아마 당신은 다른 직업을 선택했어도 똑같은 소리를 들었을걸?" 그러더군요. 그 이야기를 듣고 나니 나처럼 사는 게, 즉 선택하지 않은 답은 이미 내 답이 아니라고 생각하고 사는 게 맞다,라는 확신이 들었습니다. '답은 여기 있다. 아니면 없다'가 아니라 '답은 여기에 없다. 어쩌면 저기에 있다'라고 생각하는 순간 약해지기 때문입니다.

그리고 딸을 가진 아빠 입장에서 여자분들께 한 말씀 더 드리면 뭔가를 자기 것으로 만들기 위해 가끔은 한심하고 열 모든 선택에는 정답과 오답만이 공존합니다.
바보처럼 단순하게 자신의 판단을 믿고 나아가기 바랍니다.
답은 여기 있습니다. 아니면 없습니다.

등하기 짝이 없는 남자들에게 눈 딱 감고 밀고 나가는 힘은 배웠으면 합니다. 어느 모로 보나 열등한 남자들이 여자들보다 잘하는 한 가지가 바로 그겁니다. 그런데 그렇게 단순 무식하게 밀고 나가는 것이 때로는 깊이를 만들어주고 한 걸음 더 나아가게 하는 힘이 되어줍니다. 정답, 오답에 대한 강박을 갖지 말고, 바보처럼 단순하게, 자기 판단을 믿고 가길 바랍니다.

여러분, 우리 되는대로 삽시다. 되는대로 살되, 인생에는 공짜가 없으니 본질적으로 중요한 게 무엇인지를 살피고, 질 때 지더라도 언제든 이길 수 있다고 생각하면서, 모든 답이 정답이니 아무거나 선택하는 게 아니라 최선을 다해 현명한 판단을 내리면서, 그것을 옳게 만들면서 삽시다. 이 세 가지가 딸에게 늘 해줬던, 선배로서 후배들에게 들려주고 싶은, 인생을 조금 더 지혜롭게 살 수 있는 팁이었습니다.

모든 인생은 제대로만 된다면 모두 하나의 소설감이다.

헤밍웨이의 말입니다. 모든 인생은 다 이야깃거리가 있고, 모두 한 편의 영화입니다. 그러니까 내 인생이 헤밍웨이의 삶보다 별로라고 생각하지 말자고요. 헤밍웨이의 인생도 멋지지만 내 인생도 멋져요. 〈My Way〉 노래 가사처럼 후회도

약간 있겠죠. 하지만 말할 정도는 아닐 겁니다. Regrets, I've had a few but then again, too few to mention. 최선을 다했다면 후회하지 말아야죠. 최선을 다한 인생이 아름다운 것이지 아름다운 인생이 따로 있는 건 아닌 것 같습니다.

그리고 한 가지, 돈을 이야기할 때도 말했듯이 인생을 살면서 무엇보다 행복을 가장 우선으로 두었으면 좋겠습니다. 두렵기도 하고 흥미진진하기도 한 삶을 살아내면서 먼저 행복을 추구했으면 합니다. 그러기 위해서는 자존이 필요하고 보는 힘이 필요하겠죠.

행복은 풀과 같습니다. 풀은 사방천지에 다 있어요. 행복도 그렇고요. 풀은 생명력이 무척 강합니다. 행복도 마찬가지죠. 긍정적인 풀의 생명력 덕분에 우리가 살아갈 수 있듯이 어떤 조건에서도 행복을 찾아낸다면 살아가는 게 그렇게까지 힘들지는 않을 겁니다. 『나의 운명 사용설명서』에서 고미숙 씨는 해방을 향해 달려가는 게 아니라 자기가 서 있는 그 자리를 해방의 공간으로 전환시키는 것보다 더 혁명적인 실천은 없다고 말합니다. 여기에서 '해방'을 '행복'으로 바꿔보세요. 행복을 향해 달려가는 것이 아니라 내가 선 이 자리를 행복의 공간으로 전환하는 여러분이 되기를 바랍니다.

묵묵히 자기를 존중하면서 클래식을 궁금해하면서, 본질을 추구하고, 권위에 도전하고, 현재를 가치 있게 여기고, 깊이 보고 지혜롭게 소통하면서 각자의 전인미답의 길을 가자.

이것이 제가 여러분께 드리고 싶었던 인생을 대하는 자세에 대한 모든 것이었습니다. 마음이 움직이셨나요? 그렇다면 이제 자신을 믿고 씩씩하게 또 행복하게 자신의 인생길을 걸어가시길 바랍니다.

여덟 단어 : 인생을 대하는 우리의 자세
ⓒ 박웅현 2023

초판 1쇄 발행 2023년 6월 15일
초판 11쇄 발행 2025년 2월 5일

지은이 박웅현
펴낸이 김수진
펴낸곳 (주)인티앤

출판등록 2022년 4월 14일 제2022-000051호
이메일 editor@intiand.com

편집 김수진   **구성** 이재영
디자인 studio CoCo   **제작** 세걸음

ISBN 979-11-979770-4-6 03100